敦煌

谈艺录

The Interpretation
of Dunhuang Art

赵声良 著

文物出版社

图书在版编目（ＣＩＰ）数据

敦煌谈艺录 / 赵声良著 . -- 北京：文物出版社，
2020.7

ISBN 978-7-5010-6679-7

Ⅰ . ①敦… Ⅱ . ①赵… Ⅲ . ①敦煌学－艺术－文集
Ⅳ . ① K870.6-53

中国版本图书馆 CIP 数据核字 (2020) 第 066785 号

敦煌谈艺录

著　　者：赵声良

选题策划：刘铁巍
责任编辑：欧阳爱国　　刘铁巍
封面设计：马吉庆
责任印制：张道奇
责任校对：赵　宁

出版发行：文物出版社
社　　址：北京市东直门内北小街2号楼
网　　址：http://www.wenwu.com
邮　　箱：web@wenwu.com
制版印刷：天津图文方嘉印刷有限公司
经　　销：新华书店
开　　本：710mm×1000mm　1/16
印　　张：14
版　　次：2020年7月第1版
印　　次：2020年7月第1次印刷
书　　号：ISBN 978-7-5010-6679-7
定　　价：76.00元

序

　　做美术史研究，一是要读书，一是要读画。我们从小就读书，读书当然是要读懂书中所说的内容，通过读书来扩展自己的知识，加强自身的修养。而更重要的还要培养独立思考的能力。对于读画，似乎在学校教育方面很少讲过。

　　读画一个前提就是要读懂画，懂画有几个层次：一是知道画的内容是什么，比如一幅人物故事画，我们知道画中的人物分别是谁，故事的来龙去脉是怎样的，一幅山水画知道画的是怎样的山水风景。这是一个基本的层次，如果这一点达不到，当然也谈不上是否读懂画。但这仅仅是一个基本点，可以说是最浅层面的了解。要深入一点，就应该进入第二个层次：作品属于什么类型（国画、油画、版画等）？画作是什么时代的？画中的基本风格和特点是什么？画家是谁？为什么画这幅画？若能明瞭诸如此类的问题，便可进入专业的领域了，这就要求我们不能就画论画，还应该了解相关文化背景，也就是要读历史。达到第二个层次，也就是由"外行"进入了"内行"。便可以欣赏诸多的艺术品，以陶冶自己，增加修养。但第二层次依然只是对绘画的欣赏和认知，若要更深入研究的领域，就不能满足于第二层次。第三层次：充分了解绘画的基本创作过程及相关的知识，或者具备绘画的实践经验，因而能充分把握作品的基本表现特征，同时又有较丰富的美术史知识，能够由一件作品联想与之相关的时代风格及画家作品风格。并能进行比较分析，从而进行鉴赏或研究。读画能达到第三层次，应该可以从事研究工作了。但敦煌艺术又与普通卷轴画有所不同，因为是壁画，且已经过千百年的历史，其中又牵涉很多复杂的问题。因此，眼见也不一定为实。如果我们缺少历史的眼光，要真正读懂敦煌壁画也是一件困难的事。所以，读画与读史是必须同时并进，相辅相成。没有行家的眼光，不能掌握绘画本身的风格特征，而没有史的修养，则不能了解画外天地。这里所说的"史"，不是单纯的历史书，而是与绘画作品相关的那个历史文化背景中的所有相关问题。

近年来，随着敦煌在世界的影响力日升，到敦煌参观访问的人也与日俱增，其中也不乏一些美术工作者（包括研究者），但有一些人看了敦煌石窟之后，往往会产生误读的情况而不自知，甚至把一些错误的认识也写进了相关的论文中。不了解的读者往往以为该作者既然在敦煌作过调查，便深信不疑。由此，深感读画之难，读敦煌壁画尤其难。除了深入实地调查之外，相关的宗教、历史、考古等方面的修养也是必须的。

本书收集了近些年自己零星发表的文章，主要还是根据读画所得而讨论的问题。除了前几篇文章谈敦煌艺术的价值以及在中国美术史研究方面的意义外。《表象与真实》一文主要从敦煌壁画制作的基本过程出发来还原敦煌壁画的原貌，并针对一些误读的情况作出分析。其后的几篇文章，涉及敦煌艺术与印度及中亚的文化交流，敦煌壁画与唐代文化，特别是一些唐代画家的绘画比较问题。《罗寄梅拍摄敦煌石窟照片的意义》一文涉及七十多年前莫高窟的一段历史，而罗氏照片在今天又有其重要的研究价值。敦煌版画是一个特别的领域，由于研究者少，还有很多未知的情况。最后一篇文章讲到台北故宫收藏的两幅绢画为张大千临摹品，就是通过敦煌壁画的调查研究来作绘画鉴定的一个尝试。

以上这些文章也无非是说明读画的重要性。如果我们不能真正读懂敦煌壁画，我们就不能真正理解敦煌壁画融汇中外艺术的伟大意义，就不能通过敦煌壁画（包括绢画）去复原南北朝至唐宋的绘画史，就不可能以敦煌壁画为依据来鉴定现代某些画作的真伪。

这些文章多发表于这十来年间，在这期间，有一些相关问题又不断有新的资料或新的研究成果出现，拓展了我们的认识，同时也使我不得不对原来发表的文章作一定的补充和修订。学无止境，尤其是敦煌石窟这样一个内涵无限广博的宝库，必将不断有新的发现、新的认识。也希望有越来越多的学者们加入敦煌学研究的行列，共同来开发这样一个文化艺术的宝库，使敦煌文化在现代社会中闪耀出强劲的光芒。

2019 年 12 月

目
录
Contents

一 敦煌艺术在当今社会中的价值

　　敦煌，由于其特殊的地理位置，使它在欧亚文明互动、中原民族和西部各民族文化交融的历史进程中占有重要的地位。公元 4～14 世纪，随着佛教的发展，古代艺术家在敦煌一带陆续营建了大量的佛教洞窟，其中莫高窟规模最大，至今仍保存 735 个石窟，包括 45000 平方米壁画和 2000 多身彩塑。敦煌石窟艺术灿烂辉煌、内容博大深邃，是中国古代多民族文化及丝绸之路文化一千年间汇集和交融的结晶。1900 年，在莫高窟藏经洞（今编 17 号窟）发现了数万件文献及其他文物，引起了世界的关注，并因此而产生了一门影响深远的学科——敦煌学，使敦煌文化遗产增添了更为丰富的内涵。莫高窟（含西千佛洞）、榆林窟均于 1961 年被国务院公布为第一批全国重点文物保护单位，1987 年莫高窟又被联合国教科文组织列入中国首批世界文化遗产名录。

　　一般来说，敦煌文化遗产主要包括三个方面的内容：（1）敦煌石窟，包括敦煌莫高窟、西千佛洞、瓜州榆林窟、东千佛洞、肃北五个庙石窟；（2）敦煌藏经洞出土文物，包括大量的文献及绘画作品；（3）敦煌地区的古代遗迹以及出土文物。这些古代的遗迹和遗物在千百年后的今天到底有什么样的价值，这是很多读者十分关心的问题。作为文化遗产的价值是多方面的（诸如文化价值、历史价值、科技价值、艺术价值等），本文仅就艺术方面的价值谈几点看法。

一、敦煌艺术对中国艺术史的认识价值

敦煌石窟艺术融汇了中国和外国、汉族和其他民族艺术，形成具有中国特色的佛教艺术体系，代表了 4～14 世纪中国佛教艺术的重要成就，形成了一千年间系统的艺术史。特别是由于魏晋至隋唐时期中国内地的古代艺术遗存极少，敦煌艺术为全面认识中国艺术史提供了丰富而珍贵的资料。

敦煌石窟开凿于前秦建元二年（366 年），经北凉、北魏、西魏、北周、隋、唐、五代、宋、西夏、元等朝代（图 1），历时千余年，是石窟建筑、彩塑和壁画三者结合的佛教文化遗存。从建筑形制来看，分为禅窟、中心塔柱窟、覆斗顶窟、中心佛坛窟等。禅窟主要受印度毗诃罗窟的影响，中心塔柱窟形制则来源于印度支提窟，覆斗顶殿堂窟形制受到中国传统殿堂建筑的影响，中心佛坛窟则是仿中国风格寺院殿堂的形制。各种类型的石窟建筑，对于全面认识中国建筑史具有重要意义。中国传统建筑以木构建筑为主，与建筑相关的梁、柱、椽、檐乃至斗栱、勾栏等部件都是在木构建筑的前提下形成的。而敦煌石窟则是在岩体中凿出的洞窟，这种建筑形式源自印度，又经过中国工匠的改造，形成了既不同于传统木构建筑的形式又有别于印度本样式的中国式佛教石窟，可以说是中外建筑艺术融合的产物，作为佛教建筑的重要部分，石窟建筑无疑是中国建筑史中不可或缺的一环。今天我们能看到的唐宋时代或更早时代的建筑物寥寥无几，而敦煌 4～14 世纪的壁画中保存了当时画家们描绘的各类建筑形象，真实地再现了一千年间建筑的发展演变，成为我们认识中国古代建筑史的重要依据。

敦煌石窟的主体是雕塑，现存古代彩塑 2000 多身，包括佛、菩萨、佛弟子、天王、力士、高僧等形象。魏晋南北朝时期，佛教雕塑在接受

了来自中亚和印度影响之后，不断改革创新，到隋唐时代形成了具有中国风格的佛教雕塑艺术，反映了这个时代中国雕塑发展演变的历程。从魏晋南北朝到唐宋时代，佛教在中国持续兴盛，各地寺院石窟林立，在信仰的力量驱动下，当时一流的雕塑家都会把毕生的精力用于雕塑佛像。因此，石窟中的佛像、菩萨像等代表了那个时代最优秀的雕塑艺术。敦煌彩塑是 4 ~ 14 世纪中国雕塑史上的重要成果。中国古代画史及绘画理

图1　敦煌莫高窟外景

论著作保存较多，相比之下，雕塑的理论或者记录古代雕塑的著作寥若晨星，形成了认识古代雕塑的最大困难。虽然古代雕塑作品也十分丰富，但如敦煌这样延续一千多年而自成体系的古代雕塑也是绝无仅有的。因此，敦煌彩塑对于了解和研究中国雕塑史具有不可替代的作用。

六朝到唐代是中国绘画艺术从发展走向辉煌的重要阶段，敦煌壁画为我们保存了这个时期大量的绘画真迹，可以印证各时期画家的风格。如六朝时期顾恺之、陆探微等一批画家在南方十分活跃，当时贵族阶层崇尚清谈和神仙思想，对身体清瘦，飘飘欲仙的人体形象有特别的爱好。绘画中流行"秀骨清像"、"褒衣博带"的特点。[①] 由于北魏孝文帝的改革，南方的艺术以及南方的审美精神影响到了北方，敦煌在北魏晚期至西魏的洞窟中出现了人体比例修长，身体苗条，眉目清秀，嫣然含笑，动作飘举，衣裙飞扬如神仙般的形象（图2）。反映了顾陆一派绘画风格的影响。

画史载隋代画家展子虔等画过法华经变、弥勒变等，[②] 敦煌壁画中也是在隋朝出现了经变画。所谓经变画就是概括地表现一部佛经的主要内容，情节较多，规模较大的画。经变画反映了中国人对风景审美的需要，形成了中国画空间处理的技法特色，也形成了有别于印度的中国式佛教绘画艺术。隋唐画家均擅长经变画，并在长安、洛阳的大量寺观壁

① 关于敦煌早期壁画中的中原风格问题，很多学者都作过探讨，主要有段文杰《敦煌早期壁画的时代风格探讨》、李文生《中原风格及其西传》（以上二文并见于《敦煌石窟研究国际讨论会文集（石窟艺术编）》，辽宁美术出版社，1990年）；史苇湘《敦煌佛教艺术产生的历史依据》（《敦煌研究（试刊）》第1期，1981年）；赵声良《敦煌早期壁画中中原式人物造型》（《敦煌研究》2008年第3期）。

② 参见张彦远:《历代名画记》卷三，人民美术出版社，1964年。

图2　莫高窟第285窟　中原风格菩萨　西魏

画中留下了他们的作品。可惜由于时代变迁，隋唐长安洛阳的寺院早已灰飞烟灭。而画史记载长安、洛阳寺院中那些不同名目的经变画，在敦煌壁画中均可看到，从敦煌壁画中我们可以了解隋唐时代中原经变画的盛况。

初唐画家阎立德、阎立本兄弟以人物画见长，阎立本的传世作品如《历代帝王图》与敦煌初唐第220窟的帝王图在人物形象风格、服装规范等方面非常一致。反映了阎氏一派人物画风格在敦煌的影响。

盛唐时期李思训、李昭道父子开创了青绿山水画，以青绿重色表现出富丽堂皇的景象，深受时人喜欢。在敦煌壁画中就有不少青绿山水画面，莫高窟盛唐第217窟、第103窟、第148窟、第172窟等窟的青绿山水，

图3　莫高窟第217窟 青绿山水 盛唐

为我们了解李思训一派山水画的原貌提供了真实的依据（图3）。

盛唐时代，吴道子在当时长安和洛阳一带的寺院中画了大量的壁画，其中如地狱变等绘画"笔力劲怒，变状阴怪，睹之不觉毛戴"[③]。吴道子长于用笔，注重人物的神韵，受到历代评论家的称赞，被称为"画圣"。可惜吴道子的真迹我们无从得见。而在敦煌壁画中，如莫高窟第103窟维摩诘形象，以充沛有力而又富于变化的线描，表现出人物雄辩滔滔的精神风貌，第199窟的菩萨形象，第158窟南、北壁涅槃经变中的弟子及各国王子，人物神态

③ 段成式：《寺塔记》卷上，人民美术出版社，1964年5月。

生动,线描流畅而遒劲,色彩相对简淡,反映了吴道子一派的人物画风格。

莫高窟第130窟都督夫人礼佛图等壁画,表现唐代贵族妇女华丽的着装,雍容的气质,与唐代张萱、周昉等画家的仕女画风格一致(图4)。

总之,在唐代以前的绘画作品极为罕见的今天,敦煌艺术成为了我们认识中国古代绘画艺术的重要依据。壁画中为数众多的栩栩如生的形

图4　莫高窟第130窟　都督夫人礼佛图　盛唐

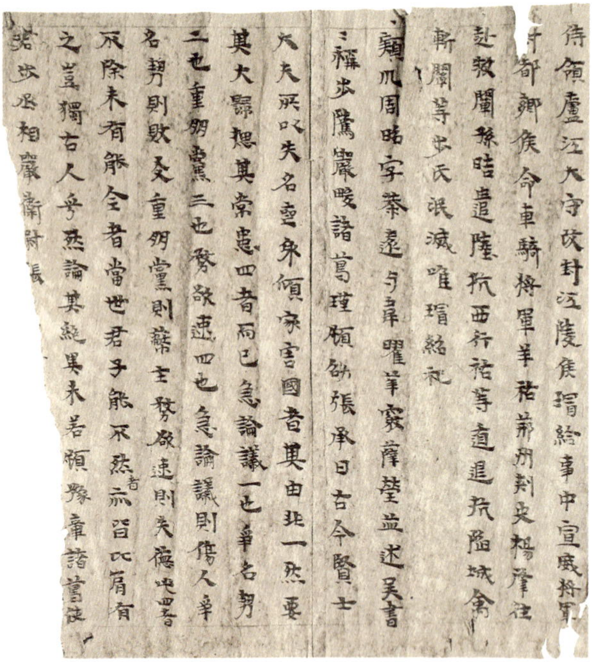

图5　敦煌东晋写本《三国志》残卷　敦煌研究院藏

象，依然感动着千百年后今天的人们。

　　敦煌人张芝、索靖是中国古代著名书法家，对王羲之等书法家曾产生过重大影响，敦煌悬泉置曾发现了数万枚汉简，其中保存了西汉时期的隶书、草书的作品实物。敦煌藏经洞出土的写本，真、草、隶、篆诸体完备，如东晋至南北朝的写本，反映了中国书法从篆、隶发展到楷书的过渡特征（图5）；隋唐时代的写本，体现出当时流行的如欧阳询、虞世南、颜真卿、柳公权等书法风格。从汉简到敦煌文书完整地展示了从公元前2世纪到11世纪[④]中国书法的发展演变过程。各时期的敦煌文献都有来自中原乃至南方的写本，唐代还有宫廷写经流入敦

④ 藏经洞出土文献最晚为
　11世纪的抄本。

煌。还可看到唐代欧阳询、柳公权书法拓本、唐太宗温泉铭拓本等。表明敦煌书法始终与中原书法发展同步。

　　自北朝以来，外来的音乐、舞蹈强烈地冲击了中国传统的音乐、舞蹈，并极大地丰富了中国传统音乐舞蹈的发展。敦煌壁画中绘有大量音乐舞蹈的形象（图6）。乐器中的海螺、腰鼓、箜篌、琵琶、胡琴等均为西域传入的乐器。箜篌的起源可以追溯到古埃及。舞蹈中的胡旋舞、胡腾舞等也是从中亚传入。可以说，敦煌壁画较为系统地展现了4～14世纪中国音乐舞蹈发展的历程，藏经洞出土文献中也有不少珍贵的乐谱、舞谱

图6　莫高窟第288窟　天宫伎乐　西魏

资料，为我们了解古代音乐舞蹈提供了详实的资料。

综上所述，敦煌艺术对于我们认识和研究中国建筑史、雕塑史、绘画史、书法史乃至音乐舞蹈史等方面都具有重要价值，而这些具有拓展性的认识价值，必然与我们当今的中国传统文化教育、审美教育、爱国主义教育等密切相关，人们可以通过欣赏敦煌艺术来了解祖国的传统文化和艺术精髓，从而体现出敦煌艺术的社会教育价值。

二、敦煌艺术是当今艺术创新的不竭源泉

艺术创新应该以深厚的传统为基础。没有对传统的继承，所谓"创新"只能是无本之木，没有生命力。从这个意义上看，当今的艺术工作者对敦煌艺术的传承与开发还远远不够。20世纪以来，由于敦煌藏经洞的发现和敦煌学的兴起，很多艺术家们开始关注敦煌，人们认识到了像敦煌艺术这样由古代无名艺术家们创造的艺术富有极强的生命力，在当今仍然是艺术创作取之不尽用之不竭的源泉。张大千、常书鸿等富有眼见的画家们看到了这一点，并身体力行，到敦煌进行临摹、研究，不仅自己学习，还把敦煌艺术介绍给世界。

1941年到1943年间，张大千及其弟子们克服无数困难，足迹遍及莫高窟、榆林窟，临摹壁画200多幅。张大千临摹敦煌壁画在四川等地举办大规模展览，产生了巨大的社会影响。临摹敦煌壁画是张大千绘画艺术发展的重要阶段。经过敦煌艺术的熏陶，他在人物画方面有了新的风格，由于对色彩的领悟，使他在山水画、花鸟画上采用极为大胆的泼墨泼彩法，尤其在张大千晚年的作品中已经把敦煌壁画中那种恢弘的气度和绚烂的色彩自由地运用于山水画、花鸟画中。这是对传统艺术的融会贯通。

　　另一位与敦煌密切相关的画家常书鸿本来是留学法国学油画的，他从西方绘画的角度发现了敦煌艺术的特殊价值，深刻地认识到敦煌艺术与明清以来传统的不同，是传统艺术中十分重要的部分，也是当时的人们尚未认识到的传统艺术。于是，他义无反顾地回到中国来到敦煌。1944 年，国民政府成立了敦煌艺术研究所，常书鸿就任所长，开始了在敦煌的艰苦创业。常书鸿的理想是以敦煌石窟为基地，让学习中国绘画的教师和学生到敦煌来学习，从这里了解到中国古代最纯正的艺术，从而创作真正富有中国特色的艺术。⑤

　　20 世纪 40 年代跟随常书鸿到敦煌工作了较长时间的潘絜兹、董希文绘画创作中取得了突出成果。潘絜兹潜心于工笔人物画创作，不论是笔法上还是色彩上，都充分发扬了他在敦煌临摹壁画所获的成果。如他创作的《石窟艺术的创造者》（图 7），便是直接以他在敦煌石窟临摹的切身感受而画出的。董希文在油画中往往体现出东方式的平面感。他的油画巨制《开国大典》，不论近景中的人物布局、远景中的空间安排，还是色彩明暗的对比等等，都可以感受到敦煌艺术给予画家的深刻影响。此外，曾在敦煌工作过的常沙娜在设计人民大会堂、民族文化宫等建筑的装饰方面，充分利用敦煌壁画中的元素来创作，形成了富有民族精神的工艺装饰。长期在敦煌工作过的雕塑家孙纪元、何鄂等，也在后

⑤ 常书鸿：《从敦煌近事说到千佛洞的危机》，《大公报》1948 年 9 月 10 日，参见赵声良：《常书鸿先生早年艺术思想探微》，《敦煌研究》，2004 年第 3 期。

图7　潘絜兹《石窟艺术的创造者》（国画）

来的创作中表现出极大的优势，如孙纪元的雕塑《瑞雪》、何鄂的雕塑《黄河母亲》等作品，正是具有深厚传统精神又富有时代感的作品。

　　敦煌石窟中的音乐舞蹈也是极富生命力的，尤其是在现代艺术的创作中，敦煌舞蹈给艺术家们极大的启发，促成了一系列敦煌风格的音乐舞蹈艺术。20世纪80年代初，由甘肃省歌舞团精心创作的《丝路花雨》搬上舞台，旋即获得巨大成功。这部以"丝绸之路"重镇敦煌为历史背景的舞剧，再现了大唐盛世"丝绸之路"上中外文化交流中的历史故事，同时，以敦煌壁画艺术中舞蹈形象为特色，尽情展示其中飞天伎乐、反弹琵琶舞等等极富有民族文化特色的舞蹈艺术。《丝路花雨》的成功，不仅广泛地展示了敦煌艺术的无穷魅力，而且，在音乐舞蹈领域掀起了一个继承和发扬祖国传统艺术的高潮，受其影响，《仿唐乐舞》《新编霓裳羽衣舞》《编钟舞》《龟兹舞》等等取材于传统文化的舞蹈相继问世。而后，舞蹈家高金荣还编创了一套"敦煌舞教程"，就是对敦煌舞蹈规律的一个系统的总结，由此而产生了如"千手观音"等著名舞蹈节目，使敦煌舞蹈更加深入人心。

敦煌石窟艺术中不仅包含壁画、塑像、石窟建筑等艺术门类，在壁画艺术中又有音乐、舞蹈、飞天、佛像、菩萨像、供养人服饰、装饰图案等多样化的内容，还有壁画色彩、技法、构图、布局等艺术手法，包括佛经故事、历史故事等艺术素材，它们都是进行现代文化艺术创作的宝贵资源库。这些文化元素已被广泛运用到城市象征、品牌标志、工艺品设计、服装设计、数字出版、动漫、影视、纪录片等现代文化艺术的创作当中，无数的中外艺术创作者们都从敦煌艺术中获得了灵感。

随着互联网科技和数字化技术的发展，一些高新科技，如沉浸式新媒体、球幕电影等使我们获得了对敦煌文化遗产的全新体验效果。以数字化技术手段展现敦煌文化成为新世纪以来的重要探索，数字技术已经开始应用在敦煌文化创意开发的各个方面，例如，利用传统媒体制作高端纪录片、影视剧、舞台节目、音乐作品，利用互联网技术，开发网络展馆、数字博物馆、数字敦煌教学等；敦煌莫高窟数字展示中心用数字技术制作的《千年莫高》是一部高质量纪录片，目的是让游客们了解到足够多的莫高窟背景知识；《梦幻佛宫》采用球幕电影技术，是实景还原文物的球幕电影，也是世界上第一个采用 8K 画面分辨率的球幕电影节目。此外，已有不少艺术家利用敦煌故事、敦煌元素创作出了一些富有特色的动漫作品。

敦煌既是数千年华夏文明宝贵的资源库，也是新时期建设新文化的动力源。敦煌的艺术宝藏是一部永远读不完的艺术巨著，而且也是作为精神启迪，可以不断地从中汲取创造灵感、创作元素和文化智慧，创造和发展出新的文化产业。总之，敦煌文化是中国传统文化的重要组成部分，对我们今天的文化建设具有重要的价值。在对古代石窟进行全面完整保护和深入研究的基础上传承和弘扬敦煌艺术，使之在新的时代发扬光大，为当今社会创作具有中国特色的更为丰富的新艺术，是我们这个时代义不容辞的责任。

二　敦煌美术研究与中国美术史

通常我们把对敦煌石窟的研究分为考古与艺术两个方面，除了对洞窟进行调查记录，形成考古学意义上的洞窟报告外，对洞窟的内容考证、时代分期等方面的研究，可归入石窟考古的范畴。而对石窟的建筑、雕塑、壁画的表现艺术、风格特征、样式源流等方面的研究可归入石窟艺术研究范畴。但这二者并没有严格的界限，尤其是在早期的研究中，鉴于敦煌石窟尚未被世人所了解，研究者往往会对敦煌石窟从其内容、历史到艺术特色等方面综合进行研究和介绍。因此，本文对于早期研究史的叙述，往往不区别考古研究和艺术研究。改革开放以后的研究史，由于研究成果较多，而学科分化也较细，限于篇幅，重点只谈艺术（主要指美术）方面的研究，其他相关问题从略。

一、20 世纪前期敦煌石窟的调查研究

敦煌引起人们关注，是因为 1900 年藏经洞的发现，在一个小小的洞窟里藏有数万件古代经籍文书，以及大量的绢本绘画等艺术品。由此吸引了不少国外的探险者来到敦煌，一方面他们通过各种手段获得写经和艺术品，一方面，也开始了对洞窟的初步调查。

1907 年斯坦因来到莫高窟，他是第一个来到莫高窟的外国人，在他后来的考古报告里，与莫高窟密切相关的主要有 1921 年出版的《千佛洞：

中国西部边境敦煌石窟寺所获之古代佛教绘画》。1931 年出版的《斯坦因敦煌所获绘画品目录》，是斯坦因所获绢画等艺术品的完整目录。1908 年伯希和来到莫高窟时，对所有洞窟进行编号、测量、拍照和抄录各种文字题记，对大部分洞窟均作了详细的文字记录，同时拍摄了大量的照片，这是有史以来第一次对莫高窟进行全面而详细的考察活动，伯希和自己则对洞窟内容和题记等文字资料进行较为详细的记录。其后，伯希和将所摄敦煌壁画照片编为《敦煌石窟图录》6 卷，于 1920～1924 年陆续出版（图 1）。这是第一部具有一定规模的敦煌艺术图录，对敦煌石窟的研究产生过重要的影响。1914 年 8 月～1915 年 1 月，奥登堡(1863～1934 年)在敦煌停留长达半年，对洞窟进行记录，拍摄照片，绘制相关的示意图、测绘图等。1924 年初，美国人华尔纳（Langdon Warner1881～1955）利用粘胶从敦煌盗走 12 块敦煌壁画和 2 尊彩塑。日本学者秋山光和曾数次到美国作过调查，证实华尔纳于 1924 年剥去的 11 块壁画包括现编号的第 320、321、323、329、335 窟共 5 个洞窟的内容。1938 年由哈佛大学出版了华尔纳著《佛教壁画：对万佛峡九世纪石窟的研究》。在此前后，美国人波林（B.Bohlin）曾发表过关于敦煌西千佛洞的调查报告。

日本学者松本荣一于 1937 年出版了《敦煌画研究（图像篇）》[①]（图 2），本书内容包括对敦煌壁画中十余种重要的经变画，以及佛传图、本生图的图像考证，对一些特别的尊像图，如卢舍那佛、灵山说法图、炽盛光佛并诸星图、水月观音图、引路菩萨图、罗汉及高僧像等等都作了研究。此外还对密教图像各种曼荼罗乃至景教等非佛教图像进行了考察。这部著作对

图1 伯希和《敦煌图录》

后来的敦煌壁画图像研究产生了重要的影响，但直到 2019 年才出版了中文译本 ②。此后，日本学者水野清一、长广敏雄、日比野丈夫、樋口隆康、秋山光和等陆续发表过有关敦煌石窟的研究论文。

二、20 世纪 40—70 年代的研究

伯希和劫走敦煌文书曾于 1909 年在北京展示，引起中国学者的重视，并开始对敦煌文献进行记录、刊布和研究，但是对于敦煌石窟的艺术一直没有引起重视。

图2　松本荣一《敦煌画研究》

1938 年，画家李丁陇到敦煌临摹壁画，他是第一个到敦煌临摹壁画的人。1941 年，画家张大千到敦煌开始了为期近两年的临摹和调查。张大千为洞窟编号共编 309 号，并大致分出了洞窟的时代。在敦煌文物研究所的编号没有公布之前，张大千的敦煌石窟编号被学术界普遍采用。1942 年画家谢稚柳也到敦煌临摹壁画，后来写成了《敦煌艺术叙录》。

1940 年 6 月，中国教育部成立"西北艺术文物考察团"，由画家王子云任团长。1942 年 5 月，考察团成员陆续到达敦煌，考察团分两个阶段在敦煌进行了近一年时间的考察，在敦煌临摹了大量壁画，并对洞窟进行考古性的记录，拍摄照片。成果主要有《敦煌莫高窟现存佛窟概况之调查》③，并以各地考察收集的资料、照片、临摹品举办展览，

① [日] 松本荣一：《敦煌画的研究（图像篇）》，东京：东方文化学院东京研究所，1937 年。
② 松本荣一著，林保尧、赵声良、李梅译：《敦煌画研究》，浙江大学出版社，2019 年。
③ 何正璜：《敦煌莫高窟现存佛窟概况之调查》，《说文月刊》1943 年第 3 卷第 10 期。

引起社会的广泛关注。这一时期，中央研究院西北史地考察团的向达、夏鼐、劳干、石璋如等学者先后到敦煌进行考古调查，夏鼐和阎文儒等不仅考察了敦煌石窟，还考察了敦煌周边的汉长城，并发掘了敦煌地区的古墓葬。此后，不断有艺术家和学者对敦煌艺术进行实地调查和临摹研究。向达曾于1942年参加由中央研究院组织的西北史地考察团，任考古组组长，从1942年至1944年开始对河西走廊及敦煌石窟、阳关、玉门关遗址作过考古调查。这些调查成果陆续发表后，引起了社会的强烈关注。其中，《论敦煌千佛洞的管理研究以及其它连带的几个问题》《论千佛洞的管理研究》等文章，对敦煌石窟的管理提出了更为具体的设想。

1944年1月，民国政府设立敦煌艺术研究所，隶属教育部。研究所成立初期，在生活条件极其艰苦的情况下，所长常书鸿率领全所职工对石窟进行了基本的维修和保护，同时展开了考古和美术方面的研究，进行壁画临摹，对外展览，以宣传敦煌艺术。史岩编成《敦煌千佛洞概述》《敦煌石窟画像题识》，李浴则完成了《敦煌千佛洞石窟内容》《安西万佛峡石窟志》等。可惜限于当时的条件，未能公开出版。敦煌艺术研究所的成立，标志着敦煌石窟无人管理的时代从此结束，对敦煌石窟有计划的保护与研究工作从此逐步展开。

新中国成立以后，敦煌艺术研究所于20世纪50年代更名为敦煌文物研究所，在壁画、彩塑的临摹、复制方面进一步走向正规化，同时对石窟的保护和考古研究也逐步发展起来。60年代初，国务院拨专款对濒危状态的莫高窟崖壁进行了全面的保护加固，使莫高窟全部洞窟得到有效保护。南区400多个洞窟都修通了栈道。为配合保护加固工程，考古人员对洞窟南区的窟前建筑遗址进行了清理发掘，在南区窟前380米的范围内清理出22个窟前殿堂建筑遗址、7个洞窟或小龛，在当时的底层洞窟之下又发现了3个洞窟，得知莫高窟的崖面洞窟分布上下有五层之

多。窟前建筑遗址的清理对认识莫高窟营建史具有
重要的意义。

20 世纪 60 年代初，敦煌文物研究所有计划地
对洞窟的内容、时代作了全面的调查，对供养人题
记进行校录。50 年代到 60 年代初对敦煌石窟研究
的成果主要有：周一良、金维诺等学者运用佛经、
变文、敦煌文献，对壁画与佛经、佛教和变文的关
系作了深入探讨。[④] 王逊等学者则从美术史视野来
看敦煌艺术的特点。此外，阎文儒《莫高窟的石窟
构造及其塑像》、梁思成《敦煌壁画中所见的中国
古代建筑》、宿白《敦煌莫高窟中的〈五台山图〉》
等论文涉及敦煌石窟构造、塑像及壁画中的建筑等
问题。

20 世纪 60 年代后期到 70 年代，由于"文革"
的影响，对石窟的调查研究几乎处于停顿状态。

三、20 世纪 80 年代以后的研究

20 世纪 80 年代，在中国改革开放形势下，敦
煌学的发展得到了极大的促进，特别是 1983 年中
国敦煌吐鲁番学会成立，同年在兰州和敦煌召开了
全国第一次敦煌学术讨论会，敦煌文物研究所创办
的《敦煌研究》期刊在经过了两年试刊后，正式创
刊；兰州大学也创办了《敦煌学辑刊》。1984 年敦
煌文物研究所扩建为敦煌研究院。这一系列重大举

④ 周一良：《敦煌壁画与
佛经》，《文物参考资料》
1951 年第 4 期。金维
诺：《敦煌本生图的内
容与形式》，《美术研
究》1957 年第 3 期；
《敦煌壁画祇园记图
考》，《文物参考资料》，
1958 年第 10 期；《敦
煌壁画维摩变的发展》，
《文物》1958 年第 2 期。

措，对中国敦煌学的发展具有划时代的意义。可以说1983年以后，中国敦煌学进入了一个新的发展时期，30多年来敦煌学各个领域都取得了令人瞩目的成就，这一阶段敦煌美术的研究可以从三个方面来看：一、敦煌艺术综合研究与介绍；二、敦煌艺术资料的大规模公布与分类研究；三、美术史学的深入研究。

（一）敦煌艺术综合研究介绍

从20世纪60年代后期到70年代，由于政治的干扰，全国的学术研究都处于不正常状况。但对石窟的调查研究也并不是完全停顿，敦煌文物研究所的一些专家时断时续却孜孜不倦地进行着调查和思考。改革开放以后，随着政治形势的好转，此前未能写出，或写出了未能发表的文章开始整理发表，于是在短时期内发表了大量的论文，并出版了一批学术水平极高的著作。这期间，首先是由敦煌文物研究所编的《中国石窟·敦煌莫高窟》（1-5卷，通常称为"五卷本"）由中日合作出版（图3）。[⑤]与此同时，史苇湘主持编纂的《敦煌莫高窟内容总录》[⑥]和贺世哲主持编纂的《敦煌莫高窟供养人题记》[⑦]出版。这些重要著作都是凝结着众多学者在敦煌几十年艰苦努力的成果，成为学术界研究敦煌石窟的基本参考资料。五卷本《中国石窟·敦煌莫高窟》中的很多文章就是在"文革"中未能发表的，都集

⑤《中国石窟·敦煌莫高窟》，北京：文物出版社、东京：平凡社，1981-1987年。

⑥敦煌文物研究所编：《敦煌莫高窟内容总录》，文物出版社，1982年。本书于1996年修订再版，更名为《敦煌石窟内容总录》。

⑦敦煌文物研究所编：《敦煌莫高窟供养人题记》，文物出版社，1987年。

中在这个时期发表了，是老一辈学人数十年间辛勤研究的结晶。

80年代以后，敦煌石窟研究的成果主要体现在三个方面：（1）壁画图像的考证研究，史苇湘、贺世哲、施萍亭、李永宁、孙修身等先生对敦煌壁画中的经变画、故事画、佛教史迹画等方面的考证，取得了不少重要成果。（2）石窟考古和分期研究，以樊锦诗、马世长、关友惠、刘玉权为代表的学者们对

图3　《中国石窟 敦煌莫高窟》
1-5卷

敦煌石窟作了严谨细致的分期排年研究，分别发表了关于敦煌北朝石窟、隋代石窟、西夏石窟的分期研究成果。不仅对敦煌石窟作出了科学分期，而且将考古学应用于佛教石窟，也为中国石窟的考古研究提供了方法论的参考。此外，潘玉闪等先生对莫高窟窟前遗址的发掘研究，也取得了重要成果。（3）石窟艺术研究，段文杰、史苇湘、李其琼、关友惠等专家从敦煌石窟美术发展历史、敦煌艺术的美学特征、敦煌壁画彩塑的艺术特点以及敦煌艺术与古代历史文化的关系等方面作了深入的研究。前两个方面，虽然是以敦煌美术品为对象的研究，但从研究的目的和方法来说，并不属于美术研究的范畴。第三方面才是真正意义上的艺术研究。这方面，段文杰、史苇湘等先生发表了很多富有启发性的论文，后来分别集成了《敦煌石窟艺术论集》⑧、《敦煌历史与莫高窟艺术研究》⑨等著作。从段、史二

⑧ 段文杰：《敦煌石窟艺术论集》，甘肃人民出版社，1988年。本书于1994年增补再版，更名为《段文杰敦煌艺术论文集》，2007年修订再版，更名为《敦煌石窟艺术研究》。

⑨ 史苇湘：《敦煌历史与莫高窟艺术研究》，甘肃教育出版社，2002年。

先生的研究来看，涉及美术史、美术作品分析（主要是对大的时代风格的分析）、美术作品所体现的美学精神等方面。但总的来说，较为概括，考虑到当时了解敦煌石窟的人并不多，有的文章往往免不了要重复介绍一些敦煌石窟的基本情况。这是当时的学术发展情况决定的。因为在敦煌艺术尚未被社会广泛了解的情况下，最迫切需要的仍然是把敦煌艺术按时代和内容的序列尽可能全面地介绍出来。为此，在《中国美术全集》系列丛书中，《敦煌彩塑》一册和《敦煌壁画》上下册相继出版，精选了各时期敦煌艺术的精品，并分别有段文杰、史苇湘、刘玉权先生的论文，全面介绍和阐释了敦煌艺术的风格特点和艺术成就。

当然，在这些以概论性为主的文章中，体现着对敦煌石窟艺术的时代系列和美术门类的专题研究的思考。在"五卷本"中，金维诺先生《敦煌艺术在美术史研究上的地位》[10]一文从建筑艺术、雕塑艺术、绘画艺术三个方面论述了敦煌艺术的重要价值，并列举各时期敦煌艺术分别与六朝到唐代名家绘画风格进行比较，精辟地指出"敦煌石窟艺术是我国封建时代美术发展的一部形象的教科书"。金先生这一具纲领性的论文无疑对后来美术史研究颇具指导意义。同书中段文杰、李其琼先生对各时代艺术的研究，可以说是对敦煌石窟艺术发展史简要的总结。其后，《中国美术分类全集》系列中《中

[10] 金维诺：《敦煌艺术在美术史研究上的地位》，《中国石窟·敦煌莫高窟》第五卷，文物出版社，1987年。

国敦煌壁画全集》共 11 册（图 4），其中敦煌壁画按时代顺序编为 10 册，麦积山等石窟编为一册，每一册卷首都有论文全面讨论某一时期的敦煌壁画内容与艺术特点，这是对敦煌艺术综合研究的集大成之作。参与这套丛书

图4 《中国敦煌壁画全集》

的撰稿者，包括段文杰、史苇湘、李其琼、万庚育、关友惠、樊锦诗、刘玉权等老一辈专家，还包括赵声良、张元林等年青学者。对敦煌石窟各时期艺术的总结，一方面是立足于考古研究的成果，即对敦煌石窟彩塑、壁画的时代确认，另一方面是学者们长年在敦煌临摹壁画而对艺术特征的感悟。尽管一些论文还说不上严谨和系统，但其中对艺术特点的认知往往不是书本理论所能取代的。

从 20 世纪 90 年代后期到本世纪初编纂的《敦煌石窟全集》[11]则是敦煌研究院在石窟考古和艺术文化诸领域研究的集成性著作，丛书共有 26 卷（图 5），每一卷都是对该专题的最新研究成果，除第一卷《再现敦煌》为总述性质外，其余均为专题研究著作，包括佛教类、艺术类和社会类三个方面的专题研究。其中艺术类包括：《塑像卷》《图案画卷》（上、下）、《飞天画卷》《音乐画卷》《舞蹈画卷》《山水画卷》《动物画卷》《藏经洞珍品卷》

⑪ 敦煌研究院编：《敦煌石窟全集》（全26卷），香港：商务印书馆，1997-2005 年。

图5 敦煌研究院编《敦煌石窟全集》

《建筑画卷》《石窟建筑卷》。当然，因为主要研究对象是敦煌艺术，在佛教类与社会类的书中，也不免要谈到艺术方面的问题，但因其主旨不在艺术，本文不再详述。这套丛书由于出版社限定了图书的性质是面向一般读者的普及读物而非学术专著，文章字数也限定在 5 万字左右，甚至连原有的注释也一概删除，部分作者原稿中本来有着深入细致的分析研究，最后也只能大量删改，而成为概略的叙述。可以说这套书从起初的设计到最终的编辑，其学术性被不断降低，这是十分可惜的。尤其是很多作者年事已高，有的学者在书出版后便去世了，他们已没有精力重新写出类似的著作。尽管如此，这套丛书依然可以看出作者们其精辟的论断和深入的研究。其中如《图案画卷》是首次对敦煌壁画的装饰图案按时代顺序作了系统的整理研究，辨明了各时期装饰图案及纹样的风格特征，并分析了部分图案的源流。《石窟建筑卷》则从石窟建筑型制以及各建筑类型的演变作了完整的分析研究。《动物画卷》则是别出心裁地对壁画中的动物作了专题研究，《山水画卷》也是作者多年来深入研究壁画中山水画的集成性著作。这套丛书限于当时的人力，在很多研究领域尚未完全展开，为今后的艺术研究留下了较大的空间。

　　20 世纪 90 年代后期，有一些总述敦煌艺术的著作陆续出版。宁强《敦煌佛教艺术》⑫一书是对敦煌艺术发展体系的探索，对敦煌艺术的发展历程提出四个阶段（包括早期、盛期、中期、末期）的划分，体现出作者的独特思考。对各时期艺术的分析与介绍，主要还是借鉴了段文杰、史苇湘诸先生的成果。作者注意到中国绘画史的相关问题，作一定的比较分析，是这部著作的亮点。

《敦煌三大石窟》是国外学者对敦煌艺术最全面的概述性著作。作者东山健吾曾在中国生活过15年，并对中国各地石窟作过调查。80年代初，作为日方责任编辑参加包括"五卷本"在内的《中国石窟》丛书（17卷）的全部编辑工作。因此，他对敦煌石窟和中国石窟有全面的了解。《敦煌三大石窟》对莫高窟、榆林窟和西千佛洞进行全面介绍的同时，也试图建立起一个敦煌石窟艺术发展的体系。他把敦煌艺术按"早期"、"中期"、"后期"分为三个时期，这个分法源于段文杰先生论文的思路。但不采用诸如"盛期"、"末期"之类的说法，表明了一种客观的态度。

20世纪末到21世纪初，随着敦煌学作为一门课程在一些高等院校开设，对敦煌学各个方面分门别类的理论性概括，便成为教学的迫切需要。《敦煌学教程》《敦煌学概论》等著作便是适应这一需要的成果。《敦煌石窟艺术概论》⑬则是总结敦煌艺术的著作。该书不仅综述了敦煌艺术中的建筑、

⑫ 宁强：《敦煌佛教艺术》，高雄：复文图书出版社，1992年。

⑬ 郑炳林、沙武田：《敦煌石窟艺术概论》，甘肃文化出版社，2005年。

雕塑、壁画艺术，以及莫高窟北区的艺术与藏经洞出土艺术品，而且也从历史发展的角度对敦煌艺术各时代的代表窟作了介绍。可以说对敦煌艺术作了较有体系的整理，并对艺术研究中的一些问题提出了自己的看法。《敦煌石窟艺术概论》对敦煌艺术的研究材料收集较为丰富，对艺术研究的论述往往侧重于历史和图像考证的问题，而对敦煌艺术（作品）本身的讨论则相对薄弱。

《敦煌艺术十讲》[14]虽说是讲义性质的著作，但主要不在于总结前人的研究成果，而是阐发新的思想。包括十个专题的研究：敦煌艺术与中国传统文化、敦煌壁画与中国传统绘画、敦煌壁画风格、敦煌彩塑艺术、飞天艺术新探、故事画艺术、敦煌壁画与中国画空间构成、从敦煌艺术看大唐气象、敦煌写本书法艺术、敦煌艺术与中国现代美术。全书紧扣中国美术史，把敦煌艺术与中国美术史的发展联系起来，从而通过敦煌艺术的材料来揭示中国美术史上的重大问题（比如一些著名画家风格等）。从艺术作品出发来进行研究，通过对作品的分析来看中国美术史某些阶段的艺术风格发展等问题是本书最大的特点。

（二）敦煌美术资料的大规模刊布

在20世纪80年代国内敦煌学快速发展的时代，学术界深切感受到的一个难题就是敦煌学资料（包

[14] 赵声良：《敦煌艺术十讲》，上海古籍出版社，2007年。

括敦煌文献与敦煌石窟图像）不易得到。针对这一
状况，敦煌文献方面最初由台湾黄永武先生编《敦
煌宝藏》，刊布了英、法及中国大陆收藏的大部分
资料。后来四川人民出版社、上海古籍出版社等出
版单位与研究机构合作，先后刊布了英、法、俄等
国收藏的敦煌文献资料。其后，国内收藏的敦煌文
献也陆续刊布。极大地促进了国内敦煌学研究的发
展。至于敦煌石窟的资料，也先后出版《中国石
窟·敦煌莫高窟》（五卷）、《中国石窟·安西榆林窟》，
以及《中国美术全集》中《敦煌壁画》二册，《敦
煌彩塑》一册。敦煌石窟图片的刊布，本身就伴随
着一定的研究性。"五卷本"图片的定名和图片解
说都有一定的规范，如图片的名称包括了三个项目：
主题、窟号和位置、时代。这三项的确定，就意味
着对该壁画或彩塑的内容、时代已有一个基本的认
识，如果没有研究的基础是无法做到的。这一点，
即使是在后来相继出版的《中国石窟》其他石窟图
录中，也并没有完全做到。这一规范也在后来出版
的所有敦煌艺术图录中被继续采用。

　　"五卷本"及后来出版的《安西榆林窟》虽然
刊布了总计达 1178 幅的图片，但对于敦煌石窟这
样宏大的体系来说，显然是十分不够的。有鉴于此，
敦煌研究院于 90 年代编辑出版了大型图录丛书《敦
煌石窟艺术》⑮（共 22 册），选取有代表性的石窟
30 多个（包括莫高窟北魏第 254、260 窟，西魏第

⑮ 段文杰主编：《敦煌
石窟艺术》（共 22
册），江苏美术出版社，
1991-1997 年。

249、431、285窟，北周第290、296、428窟，隋代第303、304、305、420、419窟，唐代第57、322、321、329、335、158、112、231、154、45、46、9、12、14、156、161、85、196窟，五代第61窟，元代第465、464、3、95、149窟，榆林窟第25、15窟）。全面刊布了敦煌石窟主要代表洞窟的图片，每册还配有专文，进行全面的内容解说和艺术分析。这些文章虽然目的在于全面介绍一个洞窟的内容和艺术，但由于相当一部分石窟尚未有成熟的研究，要能够全面讲清楚一个洞窟的内容和艺术特点，往往需要从头研究。因此，这套书中有一部分是总结前人的研究成果，而有一部分实际上是较新的研究成果，如段文杰对第285窟的研究，贺世哲、施萍亭对第428窟的研究，赵声良对第61窟的研究，梁尉英对第464窟的研究等等，都有对内容的新考证，同时又有对艺术特点的阐述。与此同时，《中国美术分类全集》中的《中国敦煌壁画全集》[16]（共10卷）也于90年代完成，按时代顺序全面介绍各个时代的壁画艺术内容，并深入地分析其艺术特点，可惜因出版社的原因，这套丛书直到2006年才全部出版。

从1997年开始出版的《敦煌石窟全集》是敦煌研究院在石窟考古和艺术文化诸领域研究的集成性著作，这套丛书到2005年全部出版，每册刊布了200幅左右石窟图片，总计刊布图片达5000多

⑯段文杰、樊锦诗主编：《中国敦煌壁画全集》（共11册），辽宁美术出版社、天津人民美术出版社,1989-2006年。

幅，并配有相应的图片说明，是迄今为止敦煌石窟图片最大规模的刊布，而且按专题分类编排，为学术界提供了较全面而系统的洞窟艺术资料。

与此同时，国外的研究机构与出版社也陆续对国外收藏的相关资料进行大规模的刊布，最重要的就是大英博物馆与日本讲谈社合作出版了三卷大型图录《西域美术——大英博物馆斯坦因收集品》[17]，刊布了斯坦因从敦煌和新疆一带收集的大量绢画及雕刻等艺术品。此书由英国敦煌学专家韦陀主持，对部分敦煌绢画的内容和艺术作了探讨。此后，讲谈社又出版了《西域美术——吉美博物馆伯希和收集品》[18]，刊布了吉美博物馆所藏的敦煌绘画作品，其中还刊载了法国学者雅克·吉埃斯和秋山光和的有关论文，讨论了伯希和收集品的整理情况及相关问题，秋山光和所写的详细的图版说明，也极富有学术价值。以上二种图录，分别全面刊布了英、法所藏的敦煌艺术品，对于全面认识和探讨敦煌艺术具有重要意义。

斯坦因从中国西部包括敦煌藏经洞掠走的文物，曾有相当一部分存放在印度，长期以来由于缺乏研究，印度收藏的这部分文献与艺术品很少为世人所知，最近，印度出版了著作，刊布了印度收藏的一部分绘画品，至此，国外收藏的敦煌艺术品大部分已经有图录刊布。

大量的敦煌文献中也包含着相当多的艺术品，

⑰ 韦陀主编：《西域美术——大英博物馆斯坦因收集品》（共3册），东京，讲谈社，1982—1984年。

⑱ 雅克·吉埃斯、秋山光和主编：《西域美术——吉美博物馆伯希和收集品》（共2册），东京，讲谈社，1994—1995年。

最直接的就是写卷书法，此外还有纸本绘画、版画等等。最早对敦煌书法资料成规模的整理，首推饶宗颐先生主编《敦煌书法丛刊》[19]，这套书于 1985 年由日本二玄社出版。这是第一次大规模且有系统地编辑出版敦煌书法，使世人开始得知敦煌书法的异常丰富与壮观。饶宗颐先生早在 1953 年就著文论及敦煌书法，其后，专门在法国巴黎翻检敦煌卷子，择其精华编成 29 卷《敦煌书法丛刊》，分为拓本、经史、书仪、牒状、诗词、写经、道书等七类，对所选每件写卷撰写的解说，渗透了编者对敦煌书法的透彻理解和深入研究，也是本丛书区别于一般书法选本而富有学术价值的地方。这套丛书不仅选取了具有书法价值的卷子，而且特别注意到有确切年代及有书写人名者以及一些历史性文献及重要典籍，使这套书的意义远远超出了书法本身。由于该丛书只选取了法国所藏的敦煌卷子，如英藏、俄藏及国内所藏的敦煌卷子中一些具有重要书法价值的作品未能入选，1993 年广东人民出版社出版此书中文版时，改名为《法藏敦煌书苑精华》。

国内对敦煌书法的刊布，较早的有徐祖藩等编选《敦煌遗书书法选》，主要从甘肃省博物馆、敦煌研究院及敦煌市博物馆三家收藏的敦煌遗书中精选了三十多件优秀的书法作品进行介绍，还配合部分放大照片，使读者对敦煌书法有一个鲜明的印象。其后，由敦煌研究院选编的《敦煌书法库》(1—4

[19] 饶宗颐主编：《敦煌书法丛刊》(全 29 册)，东京：二玄社，1985年。

辑）于 1993 年至 1996 年出版，这是中国大陆上第一次系统地按年代编选敦煌各时期的书法作品集中出版，虽然在图版印制方面还无法跟日本出版的《敦煌书法丛刊》相比，但编选的范围涵盖了英国、法国及中国国内所藏的敦煌卷子。同时，每一卷都有一篇专论从书法史的角度对一个时期的敦煌写本进行系统的研究，包括郑汝中的《敦煌书法概述》《唐代书法艺术与敦煌写卷》和赵声良的《南北朝写经的书法艺术》《早期敦煌写本书法的时代分期和类型》《隋代敦煌写本的书法艺术》等论文。此书的出版无疑对敦煌书法的推广与研究起到了很大的作用。此后陆续有敦煌书法的选本出版，如《敦煌书法精品选》等，多作为字帖的形式供学习书法所用。

（三）美术专题研究的深入

随着敦煌艺术资料的逐步刊布，及学术界对敦煌石窟乃至海外所藏敦煌艺术品了解的深入，敦煌艺术的研究不可能停留在那种一般性的介绍，或者笼统的艺术特征讲解上。对某些艺术门类的深入研究是学术发展的必然趋势。

1. 建筑艺术和建筑史研究

《敦煌建筑研究》[20]是对敦煌石窟建筑以及壁画中的建筑图像的深入研究（图 6）。同时，此书关注的是中国建筑史上的不少重要问题，并通过敦煌石窟中遗存的建筑和壁画建筑图像来解决中国建

[20] 萧默：《敦煌建筑研究》，文物出版社，1989 年。

图6　萧默《敦煌建筑研究》

筑史中的一些重要问题，如对阙的研究、对塔的研究等，就成功地利用敦煌的材料来揭示中国古代建筑的相关问题。而对唐宋时代建筑结构的分析以及部分古代建筑的复原，都体现出作者在建筑研究方面的深厚素养。《敦煌建筑研究》一书不仅仅对于中国建筑史研究，而且对中国美术史的研究来说，也具有重要启发意义。

此后，孙儒僴、孙毅华父女为《敦煌石窟全集》编撰了《建筑画卷》和《石窟建筑卷》，对敦煌石窟的建筑以及壁画中的建筑画作了全面的解说。孙儒僴先生又出版了《敦煌石窟保护与建筑》[21]一书，其中收入的建筑研究方面论文主要有对塔的研究，对敦煌壁画中唐代建筑的研究和对石窟建筑的民族形式的探讨；也体现了作者长期在敦煌调查研究的成果和心得，对中国建筑史的研究具有一定的参考价值。

2. 图案研究

敦煌壁画中精美的图案，向来受到学者和艺术家的喜爱。金维诺、张道一、诸葛铠等学者也有写过关于敦煌图案的论文，但较多的学者都只是对敦煌图案作概述性的介绍。关友惠先生于20世纪80年代就相继发表了关于敦煌壁画图案的研究论文，包括对早期图案、隋代图案、唐代图案等等的研究。关友惠先生曾与樊锦诗等合作进行敦煌石窟

[21] 孙儒僴：《敦煌石窟保护与建筑》，甘肃人民出版社，2007年。

考古分期排年工作，对考古学应用于敦煌石窟研究有深刻的认识。他的图案研究正是应用了类型学的办法，对各时期图案进行的类型分析，其细腻的分类和严谨的逻辑性，改变了以往图案研究那种感想式的清谈方法，把敦煌图案艺术的演变状况清晰地展现在读者面前。关友惠在此后出版的《敦煌石窟全集·图案卷》（上下卷）中，按时代顺序更为系统地阐述了敦煌图案各时期的风格特点和成就。为今后的学者进行图案研究开辟了一条十分清晰的道路。由于敦煌壁画装饰图案无限丰富，不少学者都发表了有关敦煌图案的文章，有的从图案的位置来考察，如按平棋图案、龛楣图案、藻井图案分别研究，也有的按图案纹样的类型来考察，如忍冬纹、联珠纹等，均有不同的成果。其中诸葛铠先生对忍冬纹的研究指出忍冬纹与植物忍冬（金银花）没有关系，而是来自西方的植物纹体系[22]，跳出了就事论事的窠臼，而把研究的视野扩展到世界文化的范畴。

3. 山水画研究

山水画本是中国传统绘画的重要方面，然而在敦煌这样一个佛教石窟中，山水只处于一个陪衬的地位，其画法与传统所谓山水画完全不同。王伯敏先生首先注意到山水画的问题，连续发表五六篇敦煌山水画系列论文，一方面探讨敦煌山水画的画法因素，一方面努力与画史相映证，尤其是对顾恺之《画云台山记》进行比较研究。并对中国山水画与

[22] 诸葛铠：《"忍冬纹"与"生命之树"》，《民族艺术》2007年第2期。

道释的关系进行了探讨。王伯敏先生的论文后来收入《敦煌壁画山水研究》[23]一书中。与此同时，赵声良也发表了敦煌唐代山水画研究的论文，试图通过敦煌壁画中的山水因素来揭示唐代山水画的一些特点。后来出版的《敦煌壁画风景研究》[24]则是对敦煌壁画中诸多风景因素进行了全面调查，并分析了各时期敦煌壁画中的风景因素。通过对美术样式细致的比较分析，来探索其发展源流，注重对比印度、中亚以及中原内地的相关图像，从而把握美术作品的时代特征及其所反映的当时中国山水画发展的阶段特征。其中对唐代经变画空间结构的分析，涉及中国绘画中与透视相关的问题，对唐代水墨画的探讨，触及了唐代后期绘画史一个重大转折点。虽然是研究敦煌的山水画，却不局限于敦煌本身，而揭示了中国绘画史的重要问题。从而体现出敦煌美术研究的意义所在。

4. 敦煌美学研究、艺术风格研究

美学在一些学科归类中往往归入哲学。但美学又与艺术密不可分，因而也有人称之为"艺术哲学"。李泽厚《神的世间风貌》[25]是较早从美学的角度探讨敦煌艺术的论文，从审美思想的角度讨论了敦煌壁画所反映的社会思潮。其后郎绍君《唐风论纲》[26]一文，揭示了敦煌艺术所反映的唐代艺术精神，从艺术样态、造型特色、空间结构等方面形成的总体风格来阐述所谓唐风的特征。洪毅然、傅天仇、史

[23] 王伯敏：《敦煌壁画山水研究》，浙江人民美术出版社，2000年。

[24] 赵声良：《敦煌壁画风景研究》，中华书局，2005年。

[25] 李泽厚：《神的世间风貌》，《文物》1978年第12期。

[26] 郎绍君：《唐风论纲——从莫高窟看唐代美术风格》，《敦煌石窟研究国际讨论会文集》，辽宁美术出版社，1990年。

苇湘等先生也都从不同的角度探讨敦煌艺术美学的
问题。此后，易存国《敦煌艺术美学》㉗从敦煌艺
术发展历程以及敦煌壁画、敦煌建筑与彩塑、敦煌
乐舞艺术、敦煌变文与变相等方面探讨了其中的美
学因素，并对敦煌艺术风格与审美追求作了总结。
对敦煌艺术风格的研究，曾有不少学者关注早期敦
煌艺术中的西域风格与中原风格（或南朝风格）等
问题。也有对一些时代风格（如西夏艺术）的探讨。
近年来很多学者注意到外来文化对中国的影响，姜
伯勤先生注意到敦煌艺术中的粟特因素，并对敦煌
及各地艺术中的祆教艺术进行了系统研究㉘。不过
对外来艺术的研究较多地带有图像考证的性质，并
非纯粹的美术研究，不再详述。

　　5.藏经洞出土物中的绘画品研究

　　藏经洞出土的文物中除了大量的文献外，还有
不少绢本、纸本绘画品，而纸本绘画中又包括绘本
和印本。虽然英国和法国所藏的绘画已出版了图录
（前述《西域美术》），相应的也有论文和图片说明，
但毕竟对这些绘画品还没有系统的研究成果。沙武
田《敦煌画稿研究》则是对敦煌白描画较为系统的
研究成果㉙。最早注意到敦煌白描画是饶宗颐先生，
他曾于1978年编《敦煌白画》㉚一书，而此后研
究者寥寥。沙武田的著作则对敦煌白描画作了系统
的调查，分类整理，尤其是对比敦煌石窟壁画，从
中找出相应的关系，从而探讨了古代画稿的使用情

㉗ 易存国 :《敦煌艺术美
学》，上海人民出版社，
2005 年。

㉘ 姜伯勤 :《中国祆教艺
术史研究》，生活、读书、
新知三联书店，2004
年。

㉙ 沙武田 :《敦煌画稿
研究》，民族出版社，
2006 年。中央编译出
版社，2007 年。

㉚ 饶宗颐 :《敦煌白画》，
巴黎 :法国远东学院考
古学刊，1978 年。

况，对部分画稿的内容和特色进行了深入分析研究。不过，从敦煌出土的白描画复杂多样，虽然有相当一部分与壁画密切相关，甚至可能就是壁画创作使用的画稿，但也有不少并非用作画稿，对此，也有学者指出这类画作可分为"敦煌白画"、"敦煌插图"、"敦煌版画"三个部类。[31]可惜对这一问题没有更多的学者继续讨论。

敦煌版画的问题，郑振铎著《中国古代木刻画史略》中对敦煌版画有较详的说明。可惜由于"反右"等历史原因，《中国古代木刻画史略》一书直到作者逝世多年后的 1985 年才得以面世[32]。1975年日本学者菊池淳一的《敦煌的佛教版画——以大英博物馆藏品为中心》[33]，是对敦煌版画艺术的系统阐述。1981 年，宿白先生发表《唐五代时期雕版印刷手工业的发展》[34]，其中对唐五代时期敦煌版画的情况有系统的介绍。此文于 1999 年收入宿白著作《唐宋时期的雕板印刷》时，又作了一些资料的补充[35]。当然该文的主旨在于探讨印刷工业问题，对于作为美术的版画，并没有太多的阐述。后来有关中国版画史等方面的著作中虽然也收入一些敦煌版画作品，但并没有相应的研究。《敦煌研究》2005 年第 2 期集中发表了一组关于敦煌版画的研究论文。分别探讨了敦煌版画的历史背景、性质、用途等特点。其中《敦煌版画叙录》一文，对现存各地的敦煌版画进行了全面的普查和记录，共记录

㉛ 牟微姣：《试论敦煌插图与敦煌白画及敦煌版画的关系》，《敦煌研究》2007 年第 1 期。

㉜ 郑振铎：《中国古代木刻画史略》，《中国古代木刻画选集》第九册，上海人民美术出版社，1982 年 2 月。又，本书单行本于 2010 年 7月由上海书店出版。

㉝ 菊池淳一：《敦煌の仏教版画——大英博物館とパリ国立図書館の収蔵品を中心として》，《佛教艺术》第 101 期，1975 年 4 月。

㉞ 宿白：《唐五代时期雕版印刷手工业的发展》，《文物》1981 年第 5 期。

㉟ 宿白：《唐宋时期的雕版印刷》，文物出版社，1999 年。

敦煌版画为235件、109种，大大超出了前人的认识。但在那一组论文中，大多从画面的内容及历史等方面进行讨论，却对版画作为绘画艺术的特征较少讨论。针对这一情况，赵声良《敦煌版画及相关问题》[36]一文试图从木刻版画的美术特点出发来探讨版画的艺术特征。

6.美术通史的研究

在20世纪80年代段文杰、李其琼等先生曾对敦煌石窟的五个阶段（早期、隋、唐前期、唐后期、晚期）的艺术内容与风格、技法特征等分别进行总结。在《中国敦煌壁画全集》丛书中，把敦煌壁画分为十个时期，作者们分别对某一时期的壁画艺术进行阐述。从某种意义上来说，这些文章合起来，勾勒出了敦煌石窟美术发展史的大概。但由于作者的学术背景、研究程度的不同，到底还是无法体现一部完整的美术史。

鉴于此，赵声良于2004年开始进行敦煌石窟美术史的系统研究，2014年出版了《敦煌石窟美术史（十六国北朝）》[37]（图7），作为敦煌石窟美术史的第一部，首先较为系统地阐述了十六国北朝时期敦煌石窟美术的发展史程，同时又对其中的一些重要艺术问题作了深入调查，并与印度、中亚及国内各地相关艺术对比研究，探讨了主要风格的特征及其源流，梳理其文化背景与美学特征。此书上编按时代叙述，下编则是专题研究，通过专题研究

[36] 赵声良：《敦煌版画及相关问题》，《中国版画》2011（上），岭南美术出版社，2011年。

[37] 赵声良：《敦煌石窟美术史（十六国北朝）》，高等教育出版社，2014年。

图7　赵声良等著《敦煌石窟美术史（十六国北朝）》

来论证书中所提出的相关论断，这一形式也是作者认为美术史研究的理想形式。由于敦煌石窟美术史研究是一个庞大的工程，难以在短期完成，作者于2015年又出版了《敦煌石窟艺术简史》[38]，意在通过简洁明了的文字，把敦煌石窟美术发展的历史提纲挈领地表达出来。此书将敦煌石窟艺术的发展分为五个阶段（十六国北朝、隋、唐前期、唐后期、五代及以后），并分别阐述了五个阶段的美术发展形势及主要艺术风格。显然这是第一次完整地从美术史的角度对敦煌石窟艺术的一次全面分析和研究，为今后的敦煌石窟美术史研究打下了基础。

四、对敦煌美术研究的一点想法

以上简要介绍了敦煌美术研究的几个方面，并非全部，只是较引人关注的方面。其中没有谈到对敦煌壁画图像考证的成果，这部分研究是三十年来成果极为丰富的，而且大部分图像考证分析是与美术形式与风格的研究密不可分的。但是，图像研究的最终目的在于搞清楚美术品所表现的主题内容，并进一步研究同一主题在不同时代的表现形式变化以及与之相关的历史文化背景的影响，与美术史的研究目的不同。简单地说，前者主要是研究"画的

[38] 赵声良：《敦煌石窟艺术简史》，中国青年出版社，2015年。

是什么"，而后者主要是研究"怎么画""为什么这样画"的问题。

敦煌艺术包括石窟艺术和藏经洞出土的艺术品，这是一个十分宏大的艺术体系。到目前为止美术研究仍然十分不足，一方面，从敦煌艺术的认识发展来说，对内容的考证，时代的鉴定等问题是最为迫切的，因此，迄今为止的研究，多集中在这方面，而对于美术本身的分析研究就相对较少；另一方面，还因为中国美术史研究的滞后状况。中国美术史学科的发展较缓慢，20世纪80年代以前出版的美术史著作，或依据古代画论和历史文献作历史的阐述，却往往与现存的美术品材料联系不起来。或凭在文物单位所见作品甚多、富有鉴赏能力而多从经验而谈，缺乏理论体系。在相当长的时期内，由于博物馆建设的滞后，出国考察的不易等等因素，除了少数学者因工作条件可以接触艺术品外，大部分美术史研究者能见到的美术作品极少，使我国的美术史研究仅仅停留在书本上。20世纪80年代后，到各地考察甚至出国考察都变得容易了。同时，国内博物馆建设受到高度重视，各类美术的展览也很丰富。为美术史的研究提供了很好的条件。这时，学术界忽然意识到美术史学在理论方法上的严重不足，面对如此丰富的美术作品，我们不知道如何进行研究。于是，一些学者希望从考古学、人类文化学等方面借鉴研究方法，考古学固然与美术史有密切关系，尤其是美术考古方面，其类型学的方法，就可以用来对美术的样式进行分析。而人类文化学则从社会的方面探讨文化的发展演变，对于研究美术风格的发展变化也具有参考意义。但是，美术史毕竟不能等同于前两种学科。不论用什么"方法论"，如果没有对美术作品本身的鉴赏力便成了空谈。

前人曾有"不通一艺莫谈艺"之说，虽然有点绝对，但"懂"艺术应该是艺术研究的基础。美术的研究首先就需要对美术作品本身的感知能力、鉴赏能力，这一点十分重要。面对表现同一个人物（或者佛像）

的画面,如果我们不能鉴定其线描的细微差别,甚至区分不了色彩的浓淡、笔触的轻重等绘画特征,又如何谈绘画风格的差异呢。面对一幅绘画或者塑雕作品,如果没有对其艺术性产生真实的感受,仅仅因为它是名作才想法去拼凑词汇来形容它。这样的文章当然不是真正的研究。由于在相当长时期内,敦煌艺术的研究伴随着对敦煌石窟的一般性介绍,因此,给部分人一个错觉,以为把敦煌美术作一个一般性介绍,加几句诸如"造型生动"、"笔触有力"、"色彩鲜艳"之类不痛不痒的形容词,便是艺术研究的文章了。而在当今的书刊中,对美术品进行一些似是而非的"品评",没有解决任何美术问题的文章也确实不少。因此,从美术本身的学科特点来对敦煌美术进行科学的系统的研究是学术界十分迫切的需要。

从敦煌石窟美术研究来看,笔者认为以下四个方面是值得重视的:

1. 美术作品的专业性考察是研究的基础

离开了作品的调查分析,美术研究就失去意义。作品分析源于对作品的细致观察与比较。美术形式的分析,往往会使人感到琐碎和麻烦。学术研究当然并不是轻松之事,只有不厌其烦,从细节处找到其中规律性的特征,才能得出合理的结论。比如对于一个菩萨形像的分析,或说"犍陀罗风格",或说"笈多风格"等等。不管是什么风格,它必然要在一个形像的某些部位表现出来。我们可以分析其身体造型、面部特征、头冠及璎珞装饰等等,从中找出哪些因素是"犍陀罗"风格或别的风格。只有在具体的形式分析的基础上,并综合考察其时代的地域的宗教的等方面因素,才能得出一个相对客观的结论。

由于敦煌壁画历经一千多年,其中变色、褪色及损坏等因素也是必须要考虑的。即使是亲眼所见,也不见得就是真实的。因此,从现状进而分析推测其最初状况,也是必须要考虑的。如莫高窟第225窟有一身吐蕃装的供养人,题名为"王沙奴"(图8)。有的研究者想当然地把此

供养人称为"女供养人"。其实对照 20 世纪 40 年代就到敦煌临摹壁画的
欧阳琳先生所临摹的同一壁画，就可看出人物嘴上本是有胡须的，只是
现在的壁画已经看不清了（图 9）。而且在段文杰先生的论文中也曾明确
提到过这身"男供养人"。这也提示我们对壁画的考察，一定要考虑多方
面的因素，同时应重视前人的研究，尤其是那些长年在敦煌工作的前辈
学者，有的是长期从事壁画临摹工作，他们对敦煌壁画的原貌，各时期
壁画的技法以及风格特征有着十分深刻的认知。除了段文杰、史苇湘有
较多的论文发表外，如万庚育、欧阳琳、李其琼等虽然著述不多，但在
一些谈壁画技法、绘画特征和临摹工作相关的文章中，体现着很多真知
灼见。仔细研读他们的文章，往往会使我们对壁画原貌有更深入的了解。

图9　欧阳琳临摹　莫高窟第225窟吐蕃
供养人像头部

图8　莫高窟第225窟　吐蕃供养人像

2. 从中国美术发展史的视角来进行敦煌美术的研究

敦煌石窟及其包含的建筑、彩塑、壁画等艺术主要创作于公元 4 ～ 14 世纪期间，其中南北朝到隋唐（4 ～ 10 世纪初）是中国绘画发展的一个重要时代，这一时期，由于佛教绘画的刺激，使中国绘画建立起了一系列具有本民族特色的视觉艺术体系。正如美术史家方闻教授所说："中国视觉艺术通过外来的'凹凸法'，以书法用笔'转折轻重'来创造一种不同视觉'苏醒'的范式。"[39]而在这一重要阶段，画史上那些名家的作品绝大部分都没有保存下来。我们只能依据敦煌壁画来探讨那个时代的美术发展情况。

而敦煌美术由于它的宗教属性，与现代所谓艺术创作有本质的不同。因此，我们必须把敦煌艺术放在那个历史时代的背景下来进行分析讨论。敦煌位于中国西北，远离中原文化的中心地，因此，敦煌艺术具有很多与中原主流艺术不同的特征。但同时，敦煌艺术从审美思想的源头到表现技法的特征体现出的主要因素仍然是中国传统艺术的。因而，要探讨某一个时期的敦煌艺术，就应该了解那个时代中国美术史的特点，把敦煌石窟放在中国美术发展史的长河中来考察，才可全面掌握敦煌艺术的定位。而与之相对，敦煌美术又是中国美术史的一个部分，敦煌美术所出现的风格特征等因素，又往往

39 方闻：《汉唐奇迹：如何将中国雕塑变成艺术史》，《美术研究》2007年第 1 期，49-61 页。

会扩展我们对中国美术史的认识。

3. 从中外文化交流中来看敦煌美术的特点

敦煌位于丝绸之路的交通要道，敦煌艺术中体现着中外文化的因素。由于佛教传自印度，随之而来的佛教艺术同样也有很多从印度传来的因素。但佛教艺术之于敦煌，却不是从印度直接传承而来，它经过中亚而传入中国时，混合了来自波斯、犍陀罗、龟兹等各地的因素。这些因素都可以通过敦煌美术的分析而展示出来。中原文化是支撑着敦煌艺术的主导方面，但随着中原朝代的更替与文化的变迁，敦煌在接受中原文化影响时，往往与中原文化的发展并不同步，这就形成了敦煌一地艺术与中原艺术的差异。这些差异也正是敦煌艺术的丰富性所在。

4. 敦煌美术研究与传统美术研究的差异

中国绘画的发展在五代北宋以后经历了较大的变化。从技法上看，由于材料的变化，绘画所用的纸、绢等材料制作的进步，促进了水墨画艺术的极速发展。传统壁画的技法已不适合于纸本、绢本绘画。另一方面，宫廷画院的产生，以及由此对画家队伍的冲击，使大批优秀画家不再进行民间的寺观壁画的绘制，导致敦煌壁画这样的绘画系统衰微。而中国五代以后的画史文献则重在对画家的记录而较少记载寺观壁画。这就使中国美术史研究中，对绘画史的研究多注重各时期知名画家的研究，而忽视对无名画家所作的壁画作品的研究。因此，直接把敦煌艺术与当时的著名画家挂钩，推断为某家风格，是要冒很大风险的。如果是传世的名家作品，我们通过有关文献，往往可以找出直接的证据，从而有助于我们深入把握作品的风格、技法等诸多因素。而敦煌壁画却不是那样直接。必须经过细密的样式和技法的分析，比对画史文献资料，才有可能对一些画家风格进行判断，从而对敦煌壁画进行推论。既要有能力对敦煌艺术作品作分析，又要对文献所载的画家资料有深刻的把握，尤其是一些传世的画家作品，也应该有较深入的把握。总之，既要认识到敦煌壁画与传世绘画（卷轴画）的差异，又要看到敦煌壁画并非与传世的画家作品毫不相干。找出其中的联系，从而探索在中国美术发展中，中原美术与敦煌美术两者之联系，是敦煌美术研究的重要方向之一。

总之，在敦煌学各领域的研究都发展成熟的今天，敦煌美术的研究相对来说还十分薄弱，需要有更多的学者参与这一领域的研究。敦煌美术的特殊性在于：1. 从绘画方面看，中国现存的传世绘画作品大多是五代北宋以后的，唐代和唐以前的作品寥寥无几。这对于中国绘画史的研究来说是极大的缺陷。而敦煌从十六国、北朝到唐代的壁画正好补充了中国绘画史，使我们对这一时期的绘画有了感性的认识。但从另一方面说，十六国北朝至唐代的敦煌壁画却因没有更多的传世作品相比较，而具有了研究的难度。2. 古代文献中不乏画史画论著作，却没有关于雕塑的著作，建筑方面虽然有一些重要著作，如《营造法式》，也主要是关于技术方面的记录，却没有建筑史方面的著作，因此，对彩塑和建筑的研究就很难找到相应的古代文献资料进行佐证。形成了雕塑史和建筑史研究的困难。而敦煌大量的彩塑可以看出雕塑发展的脉落，敦煌石窟的建筑遗存以及壁画中的建筑图像，在很大程度上可以复原古代不同时期的建筑形态。3. 敦煌石窟在一千多年的时期内没有断绝，各时期的艺术都不同程度地保存下来，这在世界上是绝无仅有的。它构成了一部完整的美术史。如果把敦煌美术的各方面进行全面调查研究，即可写成一部系统的美术史，而敦煌石窟美术史研究必然会对中国美术史的研究产生重要影响。

因此，敦煌美术的研究具有广阔的前景，除了对中国南北朝至隋唐的美术史具有填补空白的意义外，通过对敦煌石窟美术的实地考察，直接通过美术样式分析进行风格与时代的研究，从方法上也可以矫正以往只注重文献记载而缺乏作品实证分析的做法。

三 表像与真实

　　石窟艺术是伴随着佛教的传来而从印度传到中国的。在印度很早就有凿石窟以修行的传统，从现存的石窟遗迹来看，不仅是佛教，包括印度教、耆那教都曾进行过石窟的开窟，这可以说是印度文化的一个传统。因此，在佛教传入中国后，除了在城市中营建寺院外，也仿照印度的习惯在远离城市的地方凿建石窟、雕刻佛像、绘制壁画。在中国保存了大量古代石窟遗迹，如克孜尔石窟、敦煌石窟、云冈石窟、龙门石窟等等，这些石窟都是在佛教传统影响下而建成的。印度的大量石窟都是凿建在石质坚硬的山中，在开凿石窟之时就设计了石窟内的佛教雕刻，印度的石窟中以雕刻为主体，中国的云冈石窟、龙门石窟就属于这个类型。但在甘肃和新疆一带，由于山岩大多属砂砾岩，不能雕刻，古代的艺术家们就采取了塑像与壁画相结合的形式。以克孜尔石窟、敦煌石窟为代表的佛教石窟因此而留下了数量可观的壁画，成为中国绘画史上的重要资料。

　　经过一千多年的风吹日晒，这些古老的壁画今天大多已变得斑驳陆离，由于变色和褪色及壁面的各种病害，我们今天看到的壁画与制作当初的状况已有很大的差距。不少观众由于不了解壁画变化的情况，往往误把现在所见的样子当作是壁画的真实面貌，从而对中国古代壁画的认识产生了很大的误区。本文试图以敦煌壁画为例，分析一些常见的壁画变色现象，以引起学界的重视。

一、敦煌壁画的制作过程

了解古代壁画的制作过程，有利于我们探讨古代壁画的原貌。从敦煌壁画的制作过程来看，大致有两个阶段。

1. 制作地仗层

敦煌石窟开凿在玉门系砾岩上，在开凿成粗形的石窟中，墙壁的表面是十分粗糙的砂砾，古代的画工们首先要用粘性的泥土把墙壁的表面抹平，以便绘制壁画，这些承托壁画的泥层称为地仗层。为了增强紧靠岩壁的泥层的附着力，往往在泥中要拌上一些碎草等纤维性物质，以利于泥层附着于墙上。在用粗泥抹平之后，在表面还要做一层较薄较细的泥皮，用于承托壁画的颜料。比较多的洞窟，壁画地仗层加工较细，两个层次分得很清楚。也有部分洞窟在用草泥抹平之后，刷一层白粉，就可以作画了，甚至还有一次性把泥皮抹平之后就直接作画的。[①]

2. 绘制壁画

在地仗层制作完毕之后，画家们首先是把需要表现的佛教主题，根据洞窟墙面的情况进行设计布局，用墨斗、界尺等工具在墙上画格子，把墙面分出一个个区域，然后按部就班绘制壁画。壁画的绘制，在不同的时期有不同的画法，北朝时期的壁画主要吸取了西域式的画法，以重色晕染为主，包括几个工序：（1）起稿。（2）敷色。起稿完成后，就

① 马玉华：《敦煌北凉北魏石窟壁画的制作》，《装饰》2008年第6期。

要敷色，北朝时期的壁画人物肤色的晕染采用了特殊的叠染技法，即所谓"西域式晕染法"，古代画论中称为"天竺遗法"，或称"凹凸法"。这样的方法源于印度，但在中亚和新疆西部的壁画中，与印度的画法已有一定的区别。（3）定型线。在敷色完成之后，还要通过线描把人体各部分明确地表现出来，这一道线称为"定型线"。

隋唐以后，中国的画家们逐渐找到了适合于自己的画法。就是在以线描造形为主的画面中，按线描的结构来进行适当的晕染，既表现出人体明暗关系，又最大限度地体现了丰富的线描精神，从而使人物画艺术达到了高峰。这时的画法是以中国传统的线描为主，配合适当的颜色晕染来表现人物。

二、一千多年来壁画的变化

1. 变色的问题

据敦煌研究院保护研究所专家的调查分析，敦煌壁画所用颜料中，红色有：土红、朱砂、铅丹、密陀僧；绿色有：氯铜矿、石绿；白色主要为：滑石、硬石膏、石膏、白垩、高岭石和云母。现在我们看到的黑色，大部分可能是含铅的颜料变色的结果，当然，古代壁画中也同样应用黑色颜料，所以，现存的壁画颜色存在较复杂的情况[2]，这些都有待于进一步研究。由于一部分颜料中包含了容易变

② 敦煌研究院、兰州化学工业公司化工研究院：《敦煌莫高窟壁画颜料变色原因探索》，《敦煌研究》1988 年 3 期。

的成分，在一定湿度变化的条件下，就产生了变色[3]，其中如某些红色和白色颜料，经过千百年的时间，现在已变成黑色。

壁画中的石青和石绿色、白色等颜料多为矿物质颜料，稳定性强，历经一千多年还不变色。尤其是北朝时期的壁画中，石绿和石青的纯度很高，石青类颜料中较多地使用了青金石颜料，稳定性很好，因此历经一千多年而不变色。[4]而有些红色和白色却因为含铅等物质，就会变黑。其他的颜料经过混合，特别容易变色，今天我们看到的不少壁画都有较大程度的变色。不同颜料变色的程度不同，而且同一洞窟壁画，由于不同位置受光线照射不同，变色的程度也不一样，这就形成了壁画变色情况的复杂性（图1、图2）。从现存情况来看，古代壁画中凡是用色较丰富，层次较多的壁画，变色就比较严重，北魏壁画、隋代壁画以及唐代部分洞窟的壁画就是如此。而用色较单纯，混合色用得少，或者如唐代部分洞窟重视线描造型，用色较淡的壁画，变色就相对较少，从而保存了相当部分未变色的壁画。当然也有人为因素造成变色的，如第156窟由于窟内曾有人住，在窟内设灶升火而形成了烟熏变色。长期的光照也会形成部分颜料的变色。

2. 褪色的问题

褪色的问题，过去很少有人研究。因为我们无法知道褪掉的颜色到底是什么样的。而褪色在敦煌

③ 盛芬玲、李最雄、樊再轩：《湿度是铅丹变色的主要原因》，《敦煌研究》1990年4期；李最雄、樊再轩、盛芬玲：《铅丹、朱砂和土红变色研究的新进展》，《敦煌研究》1992年1期；李最雄：《莫高窟壁画中有红色颜料及其变色机理探讨》，《敦煌研究》1992年3期。

④ 王进玉、郭宏、李军：《敦煌壁画彩塑青金石颜料的初步研究》，《敦煌研究》1995年第3期

图1　莫高窟第428窟南壁变色壁画

图2　莫高窟第428窟中心柱南向龛内变色壁画

壁画中是很普遍的。由于莫高窟地处沙漠戈壁，时时受到风沙的影响，风化会使壁画颜料脱落、变淡。光线照射是壁画褪色的最主要原因，同一个洞窟，我们发现在光照较强的位置，壁画往往就变淡，而在光线很难照射到的位置，壁画相对来说保存的状况要好一些。凡是露在洞窟外长期受阳光直接照射的壁画，就变得很淡，甚至消失了（图3、图4）。通过现代科技的测定，也可知光线对壁画颜料的变色会产生重要的影响。⑤ 这种情况在新疆等地的古代壁画中也较常见。有些新近出土的壁画，在壁画受光之后，会在短时期内急速地变色。

当然，颜料本身也存在衰变的问题，在画家所用的颜料中，也可能存在某些易于挥发的颜料，画在壁画中一段时间后逐渐变淡乃至消失。

壁画的变化除了以上两个方面的原因外，还有很多因素,如今天在文物保护中称为壁画"病害"的，包括壁画颜料层起甲；壁画地仗层酥碱、盐化；地仗层空鼓、脱落；颜料层霉变、污染；以及过去的香火和洞窟居住人造成的对壁画的烟熏等等。⑥ 各种各样的病害都在改变着壁画的面貌，使我们今天所见的壁画已不是最初建造时代的原貌。因此，当我们面对古代壁画时，如果不考虑它千百年来的变化情况，就会产生错误的认识，得出错误的结论。

⑤ 李最雄：《丝绸之路石窟壁画彩塑的保护》，科学出版社，2005年9月，第66-77页。

⑥ 李最雄：《丝绸之路石窟壁画彩塑的保护》，科学出版社，2005年9月，第169-212页。

图3 莫高窟第9窟 供养人像（现状）

图4 莫高窟第9窟 供养人像复原（史苇湘、欧阳琳 复原临摹）

三、对敦煌壁画的误读举例

由于对上述敦煌壁画的变色、褪色等情况的不了解，不少人常常会对敦煌壁画产生误读，形成错误的认识。以下仅举数例加以说明。

误读之一：敦煌壁画似现代派艺术？很早的时候就有人说，敦煌壁画与欧洲的现代派艺术十分相似，有的人还用敦煌北魏时期的壁画人物与野兽派艺术家卢奥的人物画作比较，看起来确实是非常相似。但是，这种"相似"是由于敦煌壁画经过了严重的变色形成的，并不是敦煌壁画最初的原貌。在20世纪前半叶，由于对敦煌壁画的各方面研究都没有展开，产生这样的看法是可以理解的。而在今天，敦煌壁画变色情况已经过很多学者研究，通过这些研究结果，我们可以知道哪些壁画是真实的，哪些壁画是变色或者褪色的。这时，仍然把敦煌壁画简单地与现代派艺术比较，显然是没有道理的。

误读之二：敦煌唐代壁画中有"没骨画"？在唐代石窟第323窟南北壁均绘制了佛教史迹画，这两壁的故事画都以山水为背景。由于褪色较严重，山峦轮廓的线条均已消失，而山峦的颜色也变成黑色（图5），

图5　莫高窟第323窟　山水　盛唐

乍看之下，宛然是没骨水墨山水画。有人也据此认为中国早在唐代已有了"没骨画"。如果考察唐代前期的山水画情况，即可知道唐前期的山水画法基本上还是以青绿加勾勒绘成的，山的轮廓线必然是有线条的，这可以从盛唐的第217窟、103窟等窟中的大量山水画中看出（图6）。⑦其实，不仅山水画，人物画也有这样的情况，隋唐时期不少人物画，由于褪色的影响，有的画面中人物面部的线描完全消失（图7），但只要对照同窟的其他壁画，或者同时期洞窟中保存较好的壁画，仍然可以推测这些褪色的壁画最初的样态。

误读之三：佛像袈裟上的油灯？某出版物中采用了一幅莫高窟第154窟壁画（图8），画面中有一穿红色袈裟的佛像，佛像袈裟上有一形似灯盏之物，图片的解说认为这是有台座的油灯。经仔细辨

⑦ 赵声良：《敦煌石窟全集·山水画卷》，香港商务印书馆，2002年3月，第85页。

图6　莫高窟第103窟　山水　盛唐

图7 莫高窟第360窟 吐蕃赞普礼佛图 中唐

图8 莫高窟第154窟北壁 卢舍那佛 中唐

认，发现这处所谓"油灯"，其实是一座须弥山，这是唐代较流行的须弥山形式，即上部广、中央细，如高足杯形，下部围绕底座还环绕一圈山峦。除了须弥山之外，在佛的两肩位置各有一圆形，右侧圆形内有鸟，左侧圆形内有树（可能树下有兔子，现已模糊），这两个圆圈分别象征日月。在袈裟的左侧还可看到有一个绿色的人（象征地狱界的鬼）。有这几个象征的符号，我们已可得出结论，这尊佛像为卢舍那佛。卢舍那佛的袈裟上通常都要画出象征日、月及三界之物，而须弥山是其中最重要的内容。其实对这一身卢舍那佛，已有学者发表过论文。⑧而认定须弥山为油灯的人显然没有读过前人的相关论文。仅仅由于须弥山上部有一部分白色（是变色形成的），看起来像是油灯的火焰，便轻率地断定为油灯了。

⑧ 殷光明：《敦煌卢舍那法界图像研究之一》，《敦煌研究》2001年第4期；《敦煌卢舍那法界图像研究之二》，《敦煌研究》2002年第1期。

　　误读之四：持球杖的人？某出版物用敦煌壁画来讲述中国古代打马球的历史，采用了一幅壁画，是莫高窟第156窟张议潮出行图的一骑马人物（图9），手持一长杆状物，杆的顶端似乎有一个圆点。作者便想当然地判断为打马球的球杖。实际上这是张议潮仪仗队中的人物，根据相关专家的研究⑨，这个人物为"衙前兵马使"，是节度使的直属亲将，或称为"牙将"。在壁画中是两名牙将对称画于仪仗队两侧的。两人都是骑于马上，手持马鞭。而右侧这一身牙将的马鞭顶端正好有壁画脱落，在照片上看起来就像是马球杆子。显然作者并没有经过实地调查而产生误读。

图9 莫高窟第156窟 张议潮出行图中人物 晚唐

⑨ 参见关友惠：《张议潮统军出行图》（图版说明），《敦煌研究》试刊第2期，甘肃人民出版社，1983年2月，第49-51页。

以上仅举几例误读之例,实际上类似的误读在当今的出版物中仍有不少。之所以误读,主要是未能了解敦煌壁画的变色、褪色等情况。虽然是亲眼所见,但所见之物未必就是真实的原貌。另外,第三例的情况,也提醒我们,敦煌壁画是佛教绘画,如果不从佛教的原意来进行探讨,也往往会产生错误的判断。

四、七十年来研究者们对敦煌壁画原貌的探索

自 20 世纪 40 年代以来,中国的画家们开始到敦煌临摹壁画,同时也开始探索敦煌壁画的原貌。张大千先生在敦煌临摹壁画两年左右,他的临摹品基本上都采用复原的办法。但由于当时对敦煌壁画的研究尚未展开,对变色情况的认识也非常不足,张大千想恢复古代壁画的原貌,却没有客观的依据,只能凭想象来完成。张大千临摹的目的在于学习敦煌壁画之后创作新的艺术,因此,临摹得是否真实,并不是第一位的问题。况且,当时对敦煌壁画的研究也并未展开,各时代壁画在线描、色彩等方面的风格差异还没有搞清楚,因此,张大千只是以他所想象的古代应该有的颜色来表现,并没有较为客观的依据(图 10、图 11),他复原的临摹品,只是他个人的风格,而不是真实的敦煌壁画。

在张大千临摹壁画的同时,以王子云为首的西北考察团也到了敦煌,他们也临摹了一些壁画,他们针对张大千的复原画法,提出了客观临摹的主张。可惜由于他们停留的时间太短,限于当时的绘画条件,他们临摹的作品也不够客观。直到 1944 年成立了敦煌艺术研究所,以常书鸿为首的画家们才开始了有计划的临摹工作。当时的敦煌艺术研究所出于真实地保存壁画资料的目的,主张以客观临摹为主。经过了十多年的努力,直到 50 年代末到 60 年代初,研究所的画家们逐渐探索出一条临摹的路子,

图10　莫高窟第323窟北壁　菩萨　盛唐　　　图11　张大千临摹　莫高窟第323窟菩萨

取得了较大的成就。段文杰先生总结了敦煌壁画临摹的三种方法：一是现状临摹，二是旧色整理临摹，三是复原临摹。⑩客观地进行现状临摹是敦煌艺术研究所（敦煌研究院的前身）成立以来对临摹工作的基本要求，常书鸿先生说过："这种客观的临摹，像欧洲博物院的标本画临摹一样，是要藏纳起自己

⑩ 段文杰：《谈临摹敦煌壁画的一点体会》，《文物参考资料》1959年第9期。

个性的、耐心劳苦的事情，绝不是那种马到成功，亟待渔利者所能做到的。"⑪ 从敦煌研究院六十多年来临摹壁画的情况看，绝大部分都属于现状临摹和旧色整理临摹。在 20 世纪 80 年代以前，壁画临摹的工作一方面是为了在外举办展览，另一方面也有保存壁画的意义，通过临摹保存壁画的副本，假如有不可抗拒的力量导致壁画消失的话，通过临摹品是可以复原的。按这样的思路，敦煌研究院的画家们按真实再现敦煌壁画这个目的有计划地临摹数千幅壁画作品，还成功地按原大整窟复制出十来个洞窟。这些临摹品在一定程度上具有可替代原作的意义。在数十年间不断的对外展览中起到了重要的传播作用，很多历史、考古研究的学者们都高度评价了这些临摹品具有的学术研究价值。

虽然强调客观临摹为主，但是如果不了解古人是如何画壁画的，不了解壁画变化之前的真实面貌，则很难把握敦煌壁画的精神。敦煌早期壁画由于变色严重，我们往往很难看出其原貌，有人就认为早期壁画较"粗犷"，实际上这是一个误解，我们从段文杰临摹复原的第 263 窟壁画中可看出北魏壁画的精致程度。第 263 窟原壁为北魏时期绘制，但在宋朝晚期或西夏时期，在北魏的壁画上抹泥重绘了壁画，后来由于表层壁画脱落，露出了北魏壁画，当然这些壁画也残损较严重，但却在很大程度上保存了北魏壁画未变色的一些状况，段文杰先生从中

⑪ 常书鸿：《从敦煌近事说到千佛洞的危机》，《大公报》1948 年 9 月 10 日。本文收入《常书鸿文集》（甘肃民族出版社，2004 年 8 月）。

探索了西域式晕染法的基本技法（图12、图13）。他复原的北魏供养菩萨像是有依据的，不是凭空想象的。从第254窟《尸毗王本生》的临摹品中，我们也可以看出画家对原作绘画特色的把握（图14）。尽管壁画变色严重，很难看出其中的线条走向以及色彩的规律，但段文杰先生通过较长时间的研究，发现所谓西域式晕染法也不是全靠颜色的晕染，而是以线条为主干的，找到线描的关键，其他问题也迎刃而解。这样的临摹品从某种意义上讲，可能并不是客观的，但由于画家抓住了本质的东西，把壁画中本来应该有的地方找出来，把消失了的线描恢复出来，所以，真正表现了壁画原作的"神"，而不仅仅是"形"。

唐代壁画是敦煌壁画中成就最高，也最具代表性的。但是敦煌唐代壁画很难找出完全反映唐代风格而没有变色的作品。我们通过一幅复原临摹品《都督夫人礼佛图》则可以了解唐代人物画的成就（图15），此窟建于盛唐，宋代重新敷泥覆盖了盛唐的原画，20世纪40年代张大千揭开了表层壁画，而露出了唐代的原作。但由于剥开表层壁画时，对原壁已形成大面积的损坏，剥开后又长期处于阳光照射下，段文杰等画家们到敦煌时这幅壁画已经变得模糊不清。段先

图12　莫高窟第263窟北壁　供养菩萨

图13　莫高窟第263窟北壁　供养菩萨复原（段文杰复原临摹）

图14 段文杰 临摹 莫高窟第254窟尸毗王本生

图15 段文杰 复原临摹 都督夫人礼佛图

图16 莫高窟第130窟甬道南壁 都督夫人礼佛图
（现状）

生利用当时还能看到的壁画状况，又根据长期的研究，对比唐代同类壁
画的线描、色彩等处理方法，经过反复探索，最后按唐代应有的原貌进
行了复原临摹，成为了敦煌壁画临摹的代表之作。这幅临摹品高313厘米，
宽342厘米，表现都督夫人及女儿与侍从共12个人物，主要人物都督夫

人高达 2 米多，表现出雍容的气度和虔诚向佛的表情。衣服色彩绚丽而典雅，略带透明的帔帛显示出衣饰华贵的质感，不论是人物的精神气度还是画面中线描与色彩的表现都十分真实地反映出盛唐壁画风格。如今，第 130 窟的《都督夫人礼佛图》原壁已经大部湮灭（图 16），段

图17　莫高窟第148窟东壁　乐舞图

图18　万庚育　复原临摹　莫高窟第148窟乐舞图

文杰先生的临摹品便成了认识这幅壁画的依据。除了段文杰先生外，敦煌研究院老一辈画家李其琼、万庚育、史苇湘、欧阳琳等都曾不同程度地对敦煌壁画作过复原研究（图 17、图 18），长期在敦煌的临摹实践，使他们能够准确地把握敦煌壁画的精神实质，为我们今天正确认识敦煌壁画的原貌奠定了基础。

五、结论

七十多年来，在敦煌从事临摹工作的画家们从他们绘画实践中总结了丰富经验，对我们认识敦煌壁画的原貌提供了很多启发。而历史、考古与美术史等方面的研究，使我们逐渐把握了敦煌古代社会历史以及各时期壁画艺术的特征；近年来自然科学的研究，也使我们对敦煌壁画的颜料成份、变色情况有了深入的认识，在这样的条件下，我们应该有条

件从表象推测出不同时期壁画的原始风貌。当然这是一项复杂的工程，决不是用简单的公式可以套用的。因此，当我们面对一些变色或者褪色的壁画时，有一些基本的思路可以用来考察壁画的原貌。

对壁画的认识和研究，最基本的是要现场考察，这本来是一个常识，可惜当今不少人为了完成论著而轻率取巧，仅仅通过一些出版物刊发的图片，便想当然地进行所谓的分析和推理，谬误当然是不可避免的。对于敦煌壁画的调查，首先要对不同时代风格特征进行总体把握，如果了解了各时期壁画的风格特征，尤其是掌握各时期尚未变色，或者变色程度较轻的壁画标本，以这样的"标本"来认识敦煌壁画，可以大体无误。其次，探索壁画真实面貌，就必须了解不同颜料变色和褪色的状况，了解哪些颜色容易变化，哪些是相对稳定不变的。第三，判断现存壁画的差异性，同一时代甚至同一洞窟的壁画，有的是变色的，有的是相对未变色的，变色中也有的程度较重，有的较轻（图1、图2）。我们在分析研究壁画时对变色程度不同的壁画区别对待。第四，在暂时未能搞清楚壁画原貌的情况下，不能妄加判断，以免造成错误论断。另外，敦煌壁画的内容现在已经大体上考证清楚了，因而，面对壁画一定要了解它所表现的主题，而不能以今天的绘画创作来想象古代的壁画。

今天，在壁画临摹方面，由于借助数码摄影技术，使客观临摹更加准确。但是，现状的准确是可以做到的，而历史的原貌并不会自己呈现出来。我们还需要通过对比研究，广泛了解同时期壁画的风格特点，并结合历史文献的相关记载，才能逐步揭示出敦煌壁画的真实面貌。

四 天国的装饰

敦煌石窟艺术是佛教艺术，佛教艺术最初是从印度经中亚而传入中国的，石窟中的彩塑与壁画也不例外，最初都是按照外来的样式制作的。但随着佛教在中国的逐步普及，中国的艺术家们就开始按照自己的理解来开凿洞窟、塑造佛像和绘制壁画。佛像（包括菩萨、天王等形象）是崇拜的偶像，相对来说，不太容易进行较大的改变，而与佛经没有直接关系的装饰图案等内容，却是较容易按不同地域不同民族的习惯来进行改变。但任何一种改变，都是渐进式的演变，一般来说不会完全把原有的形态彻底抛弃，总是要经过一段时间的演变之后，形成一定的地方特色。使我们今天在认识这些佛教石窟的装饰绘画时，总是能够找到一些演变的痕迹，从而了解不同样式的来源及其演变规律。本文试从敦煌早期壁画对天国的装饰中探索佛教石窟中装饰的理念，以及部分纹样的源流。

一、佛教的天、天国的理念

宗教，首先是要解决对生命、对世界或者宇宙的认识问题，几乎世界上的每一种宗教都有一套对宇宙和生命的看法。这些认识表明了人类在不同的发展阶段，不同的民族对宇宙和生命的认识。

佛教认为，世界是由无数的大千世界组成的，所谓"三千大千世界"①，这些世界多如恒河之沙。而每一个世界的中心则是须弥山，往上就是天堂，也有很多层次，包括三十三重天，往下就是人间，然后就是地狱，地狱也有不少层次，最下有十八层。佛教讲轮回，认为人死后总会不断地轮回，直到由于长期修行或行善事，达到一定的积累，便可进入极乐世界——佛教的天国，那时，人就会脱离人间的轮回，而永远地生活在天国。所以，对于信众来说，佛教的天国就是最美好的地方。

因为佛陀和菩萨、天人等都是生活在极乐世界的，所以，寺院、石窟中除了雕塑或绘制佛像外，还往往要表现佛教的天国世界。在石窟的顶部，表现天国世界，是最常见的。印度和中亚的石窟，窟顶除了一般装饰图案外，总是要表现佛、菩萨及天人（飞天）等形象，并描绘出天象图景或天宫形象。巴米扬石窟的东大佛窟顶还画出了乘着马车的太阳神像，反映了古希腊罗马的影响。在克孜尔石窟中心柱窟的拱顶中部，往往画出天象图，如第17、38、80窟等，特别是第38窟可以清晰地看出日天、月天、风神、双头金翅鸟等形象（图1）。在拱券顶的两侧画出菱格形中的本生故事和因缘故事，东壁和西壁的上部与拱顶相接处，还画出了天宫伎乐。显然，在东西两侧壁的上部到拱顶的绘画，表现的就是天与天国的景象。

敦煌石窟的建筑与克孜尔石窟完全不同，中心

① 据《观无量寿经》卷十二、《俱舍论》卷十一等佛经记载，一个小世界以须弥山为中心，周围环绕四大洲及九山八海，而上下从色界之初禅天至大地底下之风轮，其间包括日、月、须弥山、四天王、三十三天、夜摩天、兜率天、乐变化天、他化自在天、梵世天等。一千个这样的小世界，称为小千世界。一千个小千世界称为中千世界，一千个中千世界称为大千世界。这个大千世界因为是由小、中、大三种组成，而称三千大千世界。

柱窟的形制改为后部以方柱为中心，前部在顶部造成人字披顶的形式。这种形式，实际上是以印度塔庙窟的理念，按汉民族传统建筑形式加以改造的中国式支提窟。这样的洞窟中，窟顶后部平顶都以平棋图案加以装饰，前部人字披顶则往往绘出莲花与化生形象，化生，是指从莲花中化出而进入佛国世界的天人，是进入佛教天国的最初形式。在洞窟四壁的上部与窟顶相接的地方，画出天宫伎乐形象，这一点还可以看出受克孜尔壁画的影响（图2）。

图1　克孜尔石窟第38窟窟顶 天象图

在敦煌早期石窟中还存在一种石窟形制——覆斗顶窟。这是带有地

图2　莫高窟第251窟 内景 北魏

方特色的洞窟形制，在北凉第 272 窟已经出现，但在其后的北魏时期并没有出现，直到西魏的第 249、285 窟，才以覆斗顶窟的形式出现，此后，覆斗顶窟就渐渐代替了中心柱窟成为敦煌石窟中最流行的形式。西魏第 249 窟可以说是一个标准的覆斗顶窟，窟顶为一个倒斗形，顶中心为藻井，有四面披，洞窟正面开一大佛龛（图 3）。令人注目的是窟顶的内容，除了佛教的须弥山外，还画出了中国传统神话中西王母和东王公的形象，并有相关的风、雨、雷、电诸神，以及朱雀、玄武等中国传统神怪形象。为什么要把中国传说中的神怪形象绘在佛教的石窟中呢？实际上反映了古代中国人对天、对宇宙的认识观念与印度传来的佛教宇宙认识论的一种交融现象。

同世界上许多文明古国一样，中国古代对世界的产生有很多神话传说，其中如伏羲、女娲创造世界之说，人可以修炼而成神仙的传说，西王母、东王公的故事正是神仙传说中比较流行的一种。在汉代以来的墓室壁画及画像砖画像石中就有很多关于东王公、西王母、伏羲、女娲等形象。画在墓室里，实际上是希望死者能够成仙，到西王母这样的神仙所在的地方去。

佛教传入中国后，佛教所说的天国世界，按中国人的理解，正与传统的神仙思想一致。如果比较莫高窟第 249 窟与酒泉东晋时期丁家闸五号墓顶部

图3　莫高窟第249窟内景　西魏

的壁画内容（图4），就会发现在内容和布局上惊人的一致。墓室中一边绘西王母，一边绘东王公，周围还有飞马、飞鹿、九尾狐等神兽，在四披的下部画有一列山峦。如果说山峦象征着人世间的现实世界，那么，山峦上部的天空中显然就是天国世界了。

图4　酒泉丁家闸5号墓 东晋

第249窟也是这样，南披绘西王母，北披绘东王公，在四披的下部也绘出一列山峦。至于山中的动物等形象，也是汉代以来绘画中所见的形象和风格。在西魏第285窟顶东披还画出了伏羲、女娲的形象，与第249窟同样是中国式的天国景象与佛教天国的结合。

二、藻井、平棋和人字披

佛教石窟要表现的是佛教的天国，但是天国的概念最终是来自于对人间生活的美化和想象。所以在洞窟的顶部，艺术家们还是按照古代建筑的形式来表现。北魏流行中心柱窟，窟室中心有一个中心塔柱，是象征佛塔的形式，前面的窟顶为人字披顶，后部为平顶，人字披是模仿中国传统建筑的屋顶形式而来的，平顶部分装饰着象棋格一样的图案，称为平棋（图5）。平棋图案和每一个单元是仿照藻井的形式而绘。西魏以后中心柱窟减少，较流行的是覆斗顶窟，洞窟的顶为覆斗形顶，顶部中心为一个方形藻井，藻井四面以斜坡的形式延伸到四壁。这一形式在北

图5　莫高窟第248窟平棋　北魏

图6　莫高窟第272窟藻井　北凉

凉时期第272窟已出现（图6），北凉时期这个藻井是浮塑出来的，可以看出其相互叠涩的层次。而在西魏以后直到唐代的覆斗顶窟中，虽然一直沿用藻井的形式，但均为平面绘出，不再出现浮塑的形式了。

莫高窟第272窟的藻井是在方形井心向内叠涩进三层，每一层内部的方形都作45度转角，称为叠涩式藻井。藻井的名称汉代就已出现，如张衡《西京赋》中叙及殿堂的装饰，就写道："带倒茄于藻井，披红葩之狎猎。"李善注："藻井，当栋中交木方为之如井干也。……孔安国《尚书》传曰：藻，水草之有纹者，《风俗通》曰：今殿作天井，井者，东井之像也，菱，水中之物，皆所以厌火者也。"[2] 王延寿的《鲁灵光殿赋》中描绘鲁灵光殿中藻井："圆渊方井，反植荷蕖。"[3] 另外，三国时期何晏的《景福殿赋》中也写道："茄密倒植，吐被芙蓉，缭以藻井，编以綷疏。"[4]

文中描绘的就是景福殿的顶部藻井上彩绘装饰的样子，可知汉代的宫殿建筑在顶部设置藻井。但从这些文献中，我们只知道藻井为方形，并绘有莲花等纹样。至于是否有 45 度转角的叠涩式结构等空间上的特征，却无法得知。从现存的考古遗迹来看，沂南汉代画像石墓中有方井内作 45 度角叠涩之例（图 7）。但是在中原汉代以前的建筑遗迹中，叠涩式藻井并不是普遍存在的形式。

从考古发现来看，时代最早的叠涩式藻井是帕提亚王朝的尼萨（位于今土库曼斯坦的阿尔哈巴德市附近）的宫殿遗址所存的藻井[5]，时代约为前 2～3 世纪（图 8）。印度的山奇大塔附近寺院遗址中，也可见到顶部为叠涩式藻井的形式（图 9），该寺院时代较晚，大约为 7 世纪以后。

叠涩式藻井作为佛教石窟的装饰出现，最普遍的是巴米扬石窟，据樋口隆康等研究人员的调查，

[2]《文选》(卷二)，上海书店，1988 年，第 19 页。

[3]《文选》(卷十一)，上海书店，1988 年，第 153 页。

[4]《文选》(卷十一)，上海书店，1988 年，第 158 页。

[5] 樋口隆康编：《バーミヤーン 京都大学中央アジア学術調査報告第 1 巻》,东京:同朋舍，1984 年。

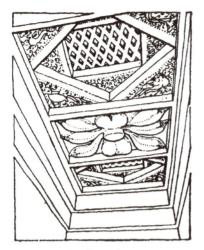

图7　沂南画像石墓顶结构　　　图8　尼维亚宫殿

图9　山奇寺院顶部　藻井

⑥樋口隆康编：《バーミ
　　ヤーン 京都大学中央
　　アジア学術調査報告
　　第 1 巻》,东京:同朋舍,
　　1984 年。

巴米扬石窟中有叠涩式藻井的洞窟有三十多例。⑥
大部分洞窟的平面为正方形，还有一部分平面为八
边形的。而藻井的形式，有相当一部分叠涩式藻井

的中央为向上突起半圆形的穹顶形式（图10），也有少数为平顶。藻井三层叠涩较多，也有相当一部分为四层叠涩的⑦。巴米扬石窟中出现这么多的叠涩式藻井，一定与当地的建筑传统文化有着密切关系。

克孜尔石窟中也有很多洞窟的窟顶出现叠涩式藻井。有的虽是中心柱窟，但在洞窟前部的窟顶，设置藻井，如第132窟、207窟等。有的是方形窟，窟顶藻井往往叠进六层甚至七层的，如第165窟、第167窟等（图11）。克孜尔石窟附近的克孜尔尕哈石窟也可看到有叠涩式藻井的洞窟（如第32窟）。按宿白先生的石窟分期研究，克孜尔第132窟为第二期的石窟，时代当在395（±65）～465（±65）年，最晚到六世纪。⑧

总之，作为佛教石窟中出现叠涩式藻井，其来源应是中亚。是随着佛教由印度经中亚而传入中国

⑦ 本文所说的"层"，是包括方格最外层在内的叠进层次，如三层叠进，则是从外到内共有三个方格。通口隆康的分法则是不算最外层，每进入一层就算一段，则通口记录为"三段"，本文则记为四层。

⑧ 宿白：《克孜尔部分洞窟阶段划分与年代等等问题的初步探索》，《中国石窟·克孜尔石窟（一）》，文物出版社，1989年12月。

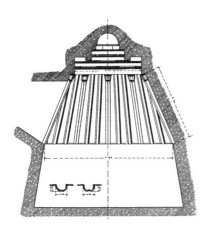

图10　巴米扬第733窟立面及藻井平面图

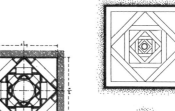

图11　克孜尔第165窟平剖面及藻井平面图

的。敦煌石窟接近西域，叠涩式藻井出现较多，到了中原的石窟中，就不是最普遍的形式了。

敦煌石窟中除了北凉第 272 窟和 268 窟的藻井为浮塑以外，其余各窟都是以绘画的形式表现叠进，没有空间上的凸起；也就是说，敦煌壁画中的藻井已成为一种装饰，而不是建筑空间意义上随着叠进而逐步上升的藻井了。

中国传统建筑多采用大屋顶的两面坡形，屋顶形成一个人字形。在洞窟中，这样的建筑形式并没有功能上的意义，仅具有装饰性。但在外来的佛教石窟中装饰人字披顶，反映了一种强烈的民族文化意识的作用。人字披顶上仿照木结构建筑浮塑出中梁和两边的椽子以及两头的斗拱等形式，使这种传统式建筑装饰更有仿真效果。在人字披的椽间通常描绘莲花、忍冬纹以及化生的形象。

三、忍冬纹的变化

忍冬纹，国外学者多称为莨苕纹（Acanthus）或称帕尔梅特（Palmette，棕榈叶纹）⑨，最早源于古埃及和两河流域文明，可能是棕榈树或别的树叶形抽象化变形而成，在古代亚述王国的浮雕上（图 12）或古希腊的建筑和陶器装饰上（图 13）采用得很多，后来经中亚随着佛教艺术而传入了中国。在克孜尔石窟壁画中出现很多。而且已有多种变形

⑨ 有关忍冬 - 卷草纹，前人研究颇多，日本学者立田洋司《唐草纹样》（东京：讲谈社，1997 年）较为集中地探讨了棕榈纹样经西亚及中亚的传播，并与印度莲花纹样等的结合而传入中国及日本的过程。中村元、久野健监修《佛教美术事典》（东京：东京书籍，2002 年）也有对忍冬纹的解说。近年，苏州大学的诸葛铠先生也曾对此做过探讨。

图12 尼维亚宫殿装饰纹(前7世纪)　　　　图13 古希腊装饰陶罐(前4世纪)

和组合形式，如单叶波状忍冬纹（第67、77、163、198窟）、双叶波状忍冬纹（第83、172窟）、双叶环抱忍冬纹（227窟）、龟背状忍冬纹（第17、192窟）等等（图14）。这些丰富的忍冬纹样在敦煌早期壁画中都可以看到，表现出明显的传承关系。

　　但是敦煌壁画中的忍冬纹却远比克孜尔石窟丰富得多，不仅在变形和组合的种类上丰富得多，而且在风格上产生了很大的变化。说明敦煌在接受了这种外来图案纹样之后，进行了很多改变和创造。一是吸收汉代以来的云气纹那种轻盈、飘逸的精神，使龟兹壁画中那种体形较肥厚的忍冬纹变得清秀条长，舒展流畅。这种加长了的忍冬纹的效果与北魏末到西魏初期人物画中流行的秀骨清像的风格是一致的（图15）。在佛背光中也常常采用忍冬纹的变形形式，使它具有与火焰纹类似的效果，用以表现背光的光芒。二是与莲花纹样相结合，创造出新的忍冬莲花形式，有时还把禽鸟等动物组合在忍冬纹中，由于莲花中常常要绘出化生的形象，忍冬莲花与化生童子的主题常常描绘在藻井、龛楣、人字披等位置（图

图14 克孜尔石窟 忍冬纹

克孜尔第192窟

克孜尔第212窟

克孜尔第172窟

克孜尔第17窟

图15 敦煌壁画中的忍冬纹

莫高窟第254窟

莫高窟第251窟

莫高窟第254窟

莫高窟第428窟

图16 莫高窟第428窟人字披 忍冬纹 北周

图17 莫高窟第432窟龛楣 忍冬纹 西魏

16、17）。这样，忍冬纹就不仅仅是一种边饰，而是作为主体内容描绘在人字披、龛楣等位置，是人字披、龛楣等位置的图像主题。

四、天宫与天人

在四壁的上沿表现天宫的形式，从克孜尔石窟就可以看到，在印度和犍陀罗的雕刻中，也常常以建筑的形式表现佛国世界的天宫，这些建筑显然是世俗的人间的产物，每个地方的人都会把自己所见的以及所想

象的华丽高贵的建筑形式用于表现佛国世界的天宫形式，但在佛教发展
传播中，最初出现的一些建筑形式，往往会形成一种模式，而向外地传
播。圆拱形门窗以及凹凸形的栏墙，是早期佛教艺术中较为流行的表现
天宫的形式。印度本土和犍陀罗的雕刻、壁画中都可见到这样的建筑形式，
如巴尔胡特雕刻中就有表现礼拜圣树和三宝的图像，其中画出建筑形式，
在二层楼阁的上层，有两个窗户，上部均为半圆形拱门，前面还有栏杆
（图18）。这种圆拱门的楼阁形式在克孜尔石窟中得到继承（图19），然
后又影响到了敦煌早期壁画。

　　北凉时期第272窟的窟顶四边画出的天宫伎乐，就在一个个圆拱形
的门窗中现出半身形象，下面是凹凸形的栏墙（图20）。在克孜尔石窟
每一个门窗中伎乐都有两身，一男一女，相互眉目传情，而敦煌壁画中
天宫伎乐每一个门窗中只有一身；克孜尔石窟中的天宫形式，拱门较低，
人物仅露出到胸部的上半身，而敦煌壁画中拱门也较高了，伎乐大都可
以看到下半身的裙子。敦煌壁画中对拱门建筑的表现显得有些形式化了，
细部表现不如克孜尔石窟那样详细。显然敦煌的画家对那种外来的建筑
样式没有太多的感受。北魏晚期到西魏时期的第435、248、249窟壁画

图18　巴尔胡特雕刻中的宫殿

图19　克孜尔第38窟 天宫伎乐

图20　莫高窟第272窟　天宫伎乐　北凉

图21　莫高窟第435窟　天宫伎乐　北魏

中的天宫形式，则出现了圆拱形与汉式屋檐交错出现的情况（图21）。
在北凉第275窟就已出现了以汉式城阙的形式表现弥勒所居的兜率天宫
的形式。按中国古代礼制，阙是规格很高的建筑，通常用于天子的宫门。
以阙表现天宫，反映了中国古人对佛教天国的理解。进而以中国式的建
筑形式表现天宫伎乐所在的宫殿，也是佛教中国化的表现。

克孜尔石窟中天宫伎乐仅露出上半身来，实际上是一种写实性的表现。而这一点在敦煌壁画中也作了改变，人物露出了大部分，这样就可以把乐舞伎的动作大体看出来。中亚和西方的艺术受古希腊罗马的影响，强调的是写实性，即以眼睛所见的情况来描绘。而中国艺术讲究完整性，不论是风景、建筑、人物，都喜欢表现完整的形象，风景是全景式的。

而在这样分格形成的天宫形式中，人物总是要受到限制，不可能完整地表现出来，所以，北周以后壁画中天宫建筑的形式没有了，只剩下部的栏墙，上部打通之后，伎乐变成了飞天，在天空中一边自由飞动，一边演奏乐器（图22）。按过去的习惯分类，把天宫伎乐与飞天伎乐分成两类。实际上，飞天就是指天人[10]，当她站在天宫中舞蹈的时候，就被看作是"天宫伎乐"，而当她飞起来时，就被看作是"飞天伎乐"，而她的天人身份并没有改变，改变的

图22　莫高窟第290窟　天宫栏墙及飞天　北周

⑩ 参见赵声良：《飞天新论》，《敦煌研究》2007年第3期。

只是动作的姿态。而由站立状舞乐形式，变成飞动状形式，最初是由于天宫的建筑的遮挡，不能完整地表现人物形象，当这些伎乐形象以飞天的形式出现时，天宫建筑就不需要了，天人的形象保持了完整性，适合了中国人的欣赏习惯。但下部的栏墙还保留，因为它是天宫的象征，栏墙以上部分，就是佛国的天界了。

五、小结

佛教从印度经中亚传入中国，为适应不同的地区，最初的民族信仰，除了在思想理念上不断地作调整外，在寺院和石窟艺术方面也在不断吸收不同地区的本土文化，从而形成了佛教艺术的兼容性。作为佛教石窟，敦煌的每一个石窟都要表现出一个佛国的世界。同时总是要打上本地文化的深刻烙印。敦煌地处丝绸之路的要道，在石窟开凿的一千多年间，不断地接受来自西域和来自中原的文化艺术风格。在融合了各种艺术之后，最终形成了富有本土特色的艺术。同时，我们又可以通过敦煌艺术中存在的不同特征，探索其不同文化的背景。从敦煌早期石窟中天国世界的装饰，就可以窥知来自印度的、中亚的和中国内地的不同文化源流。

五　敦煌石窟与隋唐文化史

　　隋唐是佛教在中国最发达的时期，由于帝王的倡导，从都城长安到全国各地城市都兴建了大量佛教寺院，在远离城市的地方还开凿石窟，成为寺院的补充。宗教的繁荣，使其完全介入到了人们的生活之中，上自帝王贵胄，下迄庶民百姓，凡生活中婚丧嫁娶，各种娱乐活动、文化活动，都有可能与佛教寺院有关。长安洛阳等地，由皇室或者贵族舍宅为寺的情况十分普遍，世俗的信众依托佛寺举办各种斋会，寺院僧侣也在各种节日举办活动，以吸引信众。作为虔心敬佛的功德，抄经、建寺、修塔、塑像、画壁、造幡等佛教事业十分兴旺。在这样的社会环境里，人们的文化生活中有相当大一部分与寺院密切相关。可以说隋唐文化史中佛教文化占有举足轻重的地位，而隋唐时代的长安、洛阳兴建的大量寺院今天已经不存，当时的文化盛况，我们却可以通过敦煌石窟以及敦煌文书看出。

一、寺院成为民众游园之所

　　隋唐以来的许多寺院本来都是王府或官吏的私宅，因各种原因而成为了寺院。这些豪华的宅院和殿堂，以前是普通百姓无法进入的地方，一旦变为寺院，就成了公众的活动场所，而寺院的僧人们为吸引信众，又对其中的园林环境多加经营，寺院除了佛教活动之外，往往成为人们游览之地，人们从中还可领略到建筑艺术的高度成就。[①] 如在长安的荐福寺原为隋炀帝在藩旧宅，唐尚书左仆射萧瑀西园，后为英王宅，高宗崩后百日，立为大献福寺，天授元年改为荐福寺。武则天还为此寺题额。宣阳坊奉慈寺，本为虢国夫人宅，虢国夫人十分豪奢，据说建造一座殿堂"价费万金"。可以想象她的私宅是何等的华丽。后来经历了安禄山之乱，此宅归当时的驸马郭暧（即升平公主之夫）。到唐武宗即位之初，当时的太皇太后（郭暧与升平公主之女，懿安太后）为了给升平公主追福，便将父母的邸宅施舍为寺，即奉慈寺。[②] 西明寺，本隋尚书令越国公杨素宅。后来杨素之子玄感被诛，将宅邸充公。武德初，为万春公主宅，贞观中赐给濮恭王泰。泰死后，就将宅邸立为寺院。……此外，还有很多寺院最初源于王公贵族的私宅，不胜枚举。由于文献记载的简略，我们很难详细了解这些曾经是王宅的寺院，建筑是如何地雄伟壮观，但通过唐代壁画中所绘的寺院建筑可以在一定程度上领略其特色。

由王宅变为了寺院，通过寺院僧侣的护持，除了使庭院整洁外，往往还种奇花异木，以吸引信众，有的王宅本身就包含着园林，当它成为寺院，便成了普通人的游览之地。《太平广记》载有霍小玉的故事，其中就有与寺院相关的情节："时已三月，人多春游，生与同辈五六人诣崇敬寺，玩牡丹花，

① 有关隋唐寺院与环境的问题，荣新江《隋唐长安的寺观与环境》（载《唐研究》第 15 卷，2009 年，第 3-21 页）一文有精辟的论述。

② 段成式：《寺塔记》卷下，人民美术出版社，1964 年，第 18 页。

步于西廊，递吟诗句。"③虽是小说，但讲到阳春三月，人们春游时，到崇敬寺观赏牡丹，这样的事一定有着真实的生活依据。牡丹在唐朝是最受人喜欢的花卉，牡丹开放时，京都士人都喜欢游慈恩寺，观赏各种颜色的牡丹，《唐语林》记载寺中培养有两丛牡丹，"每开及五六百朵"，确是十分壮观的。牡丹有白色、浅紫、深紫，寺中一老僧还培育出世上少见的深红色牡丹。④因慈恩寺规模较大，又在长安的市中心，从塔上可以俯瞰曲江宫殿，寺外又有杏园，芙蓉园。每当进士发榜之后，新中的进士们都要到慈恩寺，于大雁塔下题名，而成为风俗。白居易及第时十分得意地吟诗："慈恩塔下题名处，十七人中最少年。"这些进士们的题名无疑又成了慈恩寺吸引香客的又一重要元素。

长安著名的光宅寺，寺中就以葡萄园而闻名，《寺塔记》载，每到葡萄结实之时，武则天就会来到此寺。⑤光明寺有假山庭院，"古木崇阜，幽若山谷"，寺中还有上座璘公院，"有穗柏一株，衢柯偃覆，下坐十余人"。⑥这样的景色优雅之地，特别适宜居民百姓游览。再加上寺中往往有名家绘画书法，可以说是赏心悦目的消闲之地。

敦煌唐代壁画中可以看到表现皇宫及贵族宅院的画面，如第431窟初唐壁画的未生怨故事画，表现的是皇宫后苑的景象，高高的院墙围成后苑，内有殿堂及回廊，墙外山峦树木相间，颇有园林意趣

③ 李昉等撰：《太平广记》卷487，中华书局，1961年。

④ 王谠：《唐语林》卷七，上海古籍出版社，1978年，第237-238页。

⑤ 段成式：《寺塔记》卷下，人民美术出版社，1964年，第19页。

⑥ 段成式：《寺塔记》卷上，人民美术出版社，1964年，第6-7页。

（图1）。第148窟的未生怨故事以条幅式画面表现后宫的亭台楼阁及曲折有致的回廊。在第172窟、217窟等窟的盛唐净土变中，以建筑来表现佛国世界（图2）。画中的殿堂以群体建筑构成规模，中轴对称是其特色，中央描绘一座大殿，两侧又有数幢殿堂，建筑物之间以回廊相通，通常在画面下部还要绘出平台。当然这里表现的建筑群也并不是唐代宫殿或佛寺建筑的完整再现，可能仅仅是那时佛寺的大殿及相关的部分建筑。[7]画家们主要是以这些建筑作为佛说法的背景，并象征佛教净土世界。唐代净土变的盛行，表明当时的信众们对佛国世界的憧憬，而以当时人们所熟悉并十分向往的宫殿或贵族宅院来表现净土世界，极大地增强了理想世界的现实性，佛国变得真实可感，而不是遥不可及。

在都市的贵族舍宅为寺，建成的寺院类似家庙。而在莫高窟，各时代世家豪族也分别建起家窟。如敦煌李氏、阴氏、索氏、张氏等大族，在莫高窟都

[7] 参见萧默：《敦煌建筑研究》，文物出版社，1987年。

图1　莫高窟第431窟北壁　未生怨故事中的宫苑　初唐

图2　莫高窟第172窟北壁　观无量寿经变　盛唐

分别营建了他们相应的家窟，如翟氏营建的第220
窟（贞观十六年），李氏营建的第332窟（圣历元年，
698年）、148窟（大历十一年，776年），张氏营
建的第156窟（咸通六年，865年）等，都是当时
颇具规模的洞窟。作为家窟，他们会按时到石窟中
焚香拜谒，或举行法事活动。建于圣历元年（698
年）的《李克让修莫高窟佛龛碑》记载："每年盛夏，
奉谒尊容，就窟设斋，燔香作礼。"⑧ 相比长安的
寺院，远离城市的石窟大约不会像都市中的寺院游
人那样多，但仍然以其风光独特的胜境吸引着普通
的游人。建于大历十一年（776年）的《唐陇西李

⑧ 引自李永宁：《敦煌莫
高窟碑文录及有关问题
（一）》，《敦煌研究》试
刊 第 1 期，1981 年，
第 59 页。

府君修功德碑》记录了当时的莫高窟景象："上下云矗，构以飞阁，南北霞连，依然地居，杳出人境，圣灯时照，一川星悬。神钟乍鸣，四山雷发……左豁平陆，目极远山，前流长河，波映重阁，风鸣树道，每韵苦空之声，露滴禅池，更澄清净之趣。"⑨ 这些记录，虽带有文学性的描写，但在当时作为佛教胜境的莫高窟，不论是住持的僧人还是信众，都会关心其环境的建设，并营造出具有园林特色的风景区。

二、寺院的俗讲渐成民众娱乐节目

佛教的传播离不开对经典教义的宣讲。而印度的佛经翻译成中文后，普通读者很难读懂，寺院的僧侣固然要把读经当做功课，对于普通信众来说，要深入了解佛经的思想，只能听高僧讲解。于是，寺院讲经就有两方面的意义，一是对僧侣进行佛教知识的教育，二是对普通信众进行的佛教知识普及。而后者往往会决定着该寺院对社会的影响力。隋唐时代，寺院里认识到这个问题，逐渐出现了专门针对普通信众的讲经形式，称为俗讲。唐代后期已经出现了一些著名的俗讲僧，吸引着大批的听众。敦煌壁画中我们也可以看到不少僧人对信众讲经说法的场面（图 3 ）。

俗讲是讲经的一种变化形式。为了使普通僧尼

⑨ 引自李永宁：《敦煌莫高窟碑文录及有关问题（一）》，《敦煌研究》试刊第 1 期，1981 年，第 65 页。

图3　莫高窟第113窟北壁　僧人为信众说法　盛唐

和下层百姓比较容易听懂深奥的佛经教义，寺院的
高僧往往演绎佛经的思想意义，注重讲述有趣味性
的故事，并运用散韵相间、有说有唱的方式讲解经
义，使听众感兴趣，并从中领悟佛教的思想。有唐
一代，长安、洛阳等地的寺院经常举办俗讲。唐文
宗时到中国来的日本僧人圆仁在《入唐求法巡礼行
记》中多次记录了当时长安俗讲的时间、寺院、经
名和法师名等，并说：城中俗讲，文溆法师为第一。
文溆法师开俗讲，讲求雅俗共赏，而且他善吟经，
其声宛畅，感动里人，"听者填咽寺舍，瞻礼崇奉"。
甚至在宝历二年（826 年）六月，唐敬宗还亲自前
往兴福寺听文溆法师讲经。[10] 至于普通民众，更是
趋之若鹜。唐代诗人描述开讲之日乃"湖上少鱼船"、

⑩《资治通鉴》卷二百
四十三，唐纪五十九，
上海古籍出版社，1987
年，第 1673 页。

"酒坊鱼市尽无人"。可见俗讲之吸引力。

俗讲的仪式与寺院正规的讲经有所不同，敦煌遗书 P.3849 详细记载了唐代俗讲的仪式：开讲时，法师和都讲二人升座，先唱一首七言诗体的押座文，来静摄座下的听众，作为讲经的引子。为了把教义解释给大众，讲经的法师要用"唱导"或"转读"等方法来吸引听众，"唱导"，是用因果报应或譬喻故事等来通俗地讲解佛经义理。"转读"又叫"唱经"，是指在讲经时要使音调抑扬顿挫，用悦耳动听的声腔乐调来感化听众。这些带有一定表演特征的形式，使深奥的佛经哲理变得有意思。因此，到寺院听俗讲，就如后世听人说评书一样，在没有电影电视乃至还未产生戏剧艺术的时代，这样的俗讲可以想象是何等地吸引着城市的民众，从而成为民众生活中异常生动的一个项目。

大概在唐朝中叶，随着俗讲的盛行，这种讲唱活动已从寺院走出而进入民间的大街小巷，讲唱的内容和形式也产生了变化。从内容上说，流行的佛经如《维摩诘经》《法华经》《华严经》等无疑是俗讲中较多的项目。为了吸引更多的听众，在俗讲中还增加了不少普通人喜闻乐见的故事，如一些流传久远的中国历史故事，形成了如《伍子胥变文》《汉将王陵变文》《王昭君变文》等俗讲的底本。在敦煌，还把发生在敦煌的故事包括当时的真实人物也用作俗讲的内容，产生了《张议潮变文》（P.2962）、《张淮深变文》（P.3451）等。显然，这样直接取材于现实生活的内容，一定会使当地的听众感到无比亲切。而俗讲的底本，也开始作为文学作品流传开了，包括讲经文和变文等等。当然，这些变文所提示的有说有唱、散韵相间的形式，其实是要在现场听人宣讲时才能感受得到的。唐代的讲经文、变文直接影响到宋元话本的形成，是中国古代小说的先导。在文学史上具有重要的意义。

俗讲之所以吸引人，主要在于它不仅仅是按佛经内容来逐字讲解，而是对佛经中所记载的故事进行一定的渲染和演绎，加入较多的想象细节，突出故事中人物的性格特征，从而使故事更具有感染力。如敦煌文献《降魔变文》，其内容本出自《贤愚经》卷第十的"须达起精舍品"，但改为变文后，与经文有很多出入，加入了不少演绎的成分，使之故事性更强，更能使听众感兴趣了。《降魔变文》有多种抄本，其中法国国家图书馆藏 P.4524 卷正面为图（图 4），背面为文字（唱词）（图 5），考察其用途，当是说唱者展开手卷，将正面的图对听众，则自己所看到的是背面的文字。其文字部分正与图相对应，因此，文字部分往往相隔很远才接抄下一段，正是考虑与正面的图像相对应。

　　当俗讲的内容扩大到了佛教以外，把许多历史故事或民间传说都用作俗讲，这对普通市民来说也是颇具吸引力的。而俗讲僧都是善于说唱，声音抑扬顿挫，带有很强的表演性质。人们前往寺院听俗讲，既可增长

图4　敦煌文书P.4524号的正面（部分）

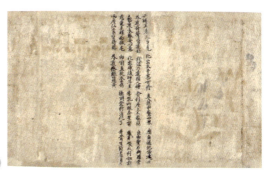

图5　敦煌文书P.4524号的背面（部分）

知识，受到宗教和文化的熏陶，又可欣赏俗讲僧的说唱艺术，无疑是一种美好的精神生活。

三、岁时节令与佛教

中国古代岁时节令最初是与农业生产相关的，佛教传入之后，佛教的活动，又影响到了中国的节日习惯。有的节日本来不是佛教所有，但由于佛教的盛行，或者以寺院为主来进行节日活动，或者在节日活动的内容上增加了很多佛教色彩。像敦煌这样佛教气氛浓厚的城市，则每逢节日都要举办隆重的佛事活动。这些节日中较有影响的主要有燃灯节、浴佛节、佛诞节、盂兰盆节等。

1.燃灯节

佛教认为，燃灯有大功德，是对佛的供养，在《摩诃僧祇律》等经典中对燃灯的方式有详细记录[11]。法显《佛国记》就曾记载西域各国散花、燃灯的活动。[12] 可知当时印度、西域等地已在各种佛教的法会中举行燃灯仪式。这一佛教仪轨传入我国后，逐渐形成为重要佛事活动，并将燃灯日确定在正月十五日。《大宋僧史略》卷下云："又西域十二月三十日是此方正月十五日，谓之大神变月，……唐先天二年，西域僧沙陀请以正月十五日然灯，开元二十八年正月十四日勅常以二月望日烧灯，天宝六年六月十八日，诏曰：重门夜开，以达阳气，群

⑪《摩诃僧祇律》卷三十五："当置火一边，渐次然之。然灯时，当先然照舍利及形像前灯，礼拜已，当出灭之。次然侧屋中，若坐禅时至者，应然禅坊中，应唱言诸大德咒愿灯随喜。次然道经行处，次然阁道头……"(《大正藏》第22册,512页)。

⑫ 法显《佛国记》"拘萨罗国舍卫城"条："诸国王人民竞兴供养，悬缯幡盖、散华、烧香、燃灯续明日日不绝。"(《大正藏》第51册，860页)。

司朝宴乐在时和，属于上元，当修斋籙，其于赏
会，必备荤膻。比来因循稍将非便，自今以后，每
至正月宜取十七日十九日夜开坊市，以为永式，寻
又重依十五夜放灯。德宗贞元三年，勅正月十五
日然灯"。⑬元月十五日为燃灯日，在唐代就成为
定例。唐玄宗还写过燃灯节观灯的诗，其中有"明
月重城里，华灯九陌中"之句。描绘了当时都市中
华灯竞放的景象。唐人笔记中也多记有正月十五观
灯的场面，如《朝野佥载》记载："睿宗先天二年
正月十五、十六夜，于京师安福门外作灯轮高二十
丈，衣以锦绮，饰以金玉，燃五万盏灯，簇之如花
树。宫女千数，衣罗绮，曳锦绣，耀球翠，施香粉。
一花冠，一巾帔皆万钱，装束一妓女皆至三百贯。
妙简长安、万年少女妇千余人，衣服、花钗、媚子
亦称是，于灯轮下踏歌三日夜，欢乐之极，未始有
之。"⑭由此可以想见长安城在燃灯节时歌舞升平
的热闹场景。

　　远在西北的敦煌，每年的正月十五日也举行大
型的燃灯活动。敦煌 P.2058 卷写燃灯法会云："振
铃梵太虚之内，声彻五天。灯广车轮，照欲中之奇树；
佛声接晓，梵响以箫管同音。宝铎弦歌，唯谈佛德。
其灯乃良宵发焰，若宝树之花开。"可知在燃灯时，
声乐连天，彻夜喧欢，反映了上元之夜的盛况。此外，
佛教信众还"年驰妙供于仙岩，大设馨香于万室"。
"仙岩"这里指莫高窟。可知此时信众要到莫高窟，

⑬《大正藏》第 54 册，
254 页。
⑭《隋唐史料笔记丛刊·隋
唐嘉话、朝野佥载》，
中华书局，1979 年，
第 69 页。

在诸窟燃灯、烧香供养。莫高窟第 220 窟北壁药师经变中描绘了燃灯的场面，中央层层灯台如楼阁一般，两侧各有灯轮，供养菩萨正在点燃一盏盏油灯（图 6）。莫高窟中唐第 159 窟龛内西壁的屏风画也与药师经变有关，其中画出一座五层灯轮，一妇女正向灯轮上放置油灯；莫高窟五代第 146 窟北壁的药师经变中，下部中央矗立着一座五层灯轮，每层灯轮摆放一周油灯。两人正双手捧着斟满的油盏，向灯轮送去。从图像上看，第 159 窟和第 146 窟的灯轮应为木制的灯轮，较简朴。

2. 二月八日行像与四月八日浴佛

行像，是用宝车载着佛像在城市街道巡行的一种宗教仪式。《大宋僧史略》卷一云：

图6　莫高窟第220窟北壁　药师经变中　燃灯　初唐

行像者，自佛泥洹，王臣多恨不亲睹佛，由是立佛降生相，或作太子巡城像。……又岭北龟兹东荒城寺，每秋分后十日间，一国僧徒，皆赴五年大会（西域谓之般遮于瑟）。国王庶民皆捐俗务，受经听法。庄严佛像，戴以车辇，谓之行像。于阗则以四月一日行像，至十四日讫，王及夫人始还宫耳。今夏台灵武每年二月八日，僧戴夹苎佛像，侍从围绕，幡盖歌乐引导。谓之巡城。以城市行市为限，百姓赖其消灾也。又此土夏安居毕，僧众持花执扇，吹贝鸣铙，引而双行，谓之出队迦提也（取迦提月名也）。《释老志》曰：魏世祖于四月八日，舆诸寺像行于广衢。帝御门楼临观，散花致礼焉。又景兴尼寺金像出时，诏羽林一百人，举辇伎乐，皆由内给。又安居毕，明日总集，旋绕村城，礼诸制底，棚车兴像，幡花蔽日，名曰三摩近离（此日和集）。斯乃神州行城法也。⑮

佛教行像之由来，是由于后人追念佛陀，欲亲睹圣容，故在每年的佛诞日，庄严佛像，巡行城内，其时歌乐引导，吹贝鸣铙。有关行像的宗教效应，《佛说观佛三昧海经》中对观像行有十分详细的描述，特别是对佛像放光的神异现象作了很多渲染。⑯5 世纪初法显西行印度时，在西域和印度都曾看到行像仪式。《法显传》中对行像的庄严而盛大的场面也有详细记载。⑰这些记载无疑对中国的佛教产生过重要影响。敦煌写卷 S.5957《释门应用文范》中的"二月八日文"云："梵呗盈空而沸腾，鸣钟鼓而龙吟，奏笙歌而凤舞，群像并集，缁素咸臻。"由此可以窥见其日之歌舞盛况。

与行像相类似的另一纪念释迦佛诞生的法会是举行浴佛仪式，它是由悉达多太子降生时有九龙灌顶的传说衍生而来的。据佛经所载，佛母摩耶夫人于蓝毗尼园中无忧树下生下了太子，当时难陀龙王和优波难陀龙王吐清净之水为之灌顶沐浴。《过去

⑮《大正藏》第 54 册，237 页。
⑯《大正藏》第 15 册，692 页。
⑰《大正藏》第 51 册，857 页。

现在因果经》云：

释提桓因手执宝盖，大梵天王又持白拂，侍立左右。难陀龙王、优波难陀龙王于虚空中吐清净水，一温一凉，灌太子身。身黄金色，有三十二相，放大光明，普照三千大千世界。天龙八部，亦于空中作天伎乐，歌呗赞颂，烧众名香，散诸妙花。又雨天衣及以璎珞，缤纷乱坠，不可称数。[18]

有关悉达多太子诞生时的种种祥瑞景象，佛经记载颇多，新生儿诞生之后即以水沐浴可能是印度的习俗，随着佛教的传播，以洗浴佛像来纪念佛陀之诞生，便成为一件神圣之事。《佛祖统纪》记载："四月八日是佛生日。人民念佛，浴佛形像。浴像时诵偈云：我今灌沐诸如来，净智庄严功德聚，五浊众生令离垢，愿证如来净法身。"[19]隋唐之时，浴佛活动更为流行。敦煌写卷 P.3103《浴佛节作斋事祷文》云："幢幡晃炳，梵赞訇锵，论鼓击而会喧阗，法旆树而场骈塞。"从中可知浴佛时鼓乐喧天、梵响齐鸣的热闹非凡景象。

从城市人民娱乐生活这个意义来看，其实不仅限于节日，在佛教兴盛的时代，常常还有各式各样的斋会等佛事活动，除了进行相关的佛教仪式之外，还伴随着各种娱乐活动，如舞蹈、音乐、说唱曲艺、杂技等等的表演，也是吸引普通市民积极参加的因素。当时京师各大寺院都有戏场，但凡节日或佛寺活动，就会有演出。钱易《南部新书》记载："长

[18]《大正藏》第 3 册，625 页。
[19]《大正藏》第 49 册，318 页。

安戏场，多集于慈恩，小者在青龙，其次荐福、永寿尼。"在寺院中观看戏场的演出，已经超出了单纯的宗教意义，而成为一种民俗和文化活动。至今在敦煌，每到农历四月初八，当地百姓都有到莫高窟赶庙会的习俗，人们络绎不绝来到莫高窟，焚香拜佛，观瞻洞窟，并搭台唱戏，仿佛游春踏青；既有佛教的意义，又有文化娱乐的成分。

四、寺院石窟成为普通民众接触艺术的场所

佛教寺院是建筑、雕塑、绘画、书法艺术集中体现的地方，为了广泛传播佛教，寺院都要请当时著名的塑匠、画手为他们制作塑像和壁画，有的寺院建筑本身是来自于王府宅院，其间雕梁画栋就十分豪华，有的寺院还兼有园林的性质。因此，人们在寺院中观瞻礼拜的同时，也不断从中接受着各种艺术的熏陶。

1. 雕塑

佛像是寺院和石窟礼拜的主体，在寺院和石窟中总是处于最重要的位置。因而，佛像的雕塑制作对于寺院来说是一件大事。可是，由于中国古代对工匠的歧视，文献多记绘画而不记雕塑。因为绘画方面尚有文人参与，雕塑则被视为匠人之工，文人不屑。尽管如此，现存各地石窟保存了大量隋唐时代的佛像雕塑作品，使我们得以领略当时的雕塑艺术风采。

隋唐敦煌石窟数量较多，其中的彩塑佛像主要包括佛陀、菩萨、佛弟子、天王、力士等。艺术家注意以中国人的审美精神与欣赏习惯来塑造人物，追求写实精神，按照世俗人物的形象来塑造，使佛、菩萨等具有了人性，体现着人性之美，这也许就是隋唐艺术的美之所在。隋代塑像渐趋雄强，形体高大，气度非凡，如第 427 窟的彩塑（图 7），造型挺拔，

图7　莫高窟第427窟 彩塑佛像　隋

神态庄严，富有体积感。唐代彩塑多以群像为主，并注重不同的人物个
性特征。如第45窟龛内保存着一组完整的7身彩塑（图8）。塑像以佛
为中心，两侧分别是弟子、菩萨、天王，均取站立姿势。阿难双手抱于

腹前，身披红色袈裟，内着僧祇支，衣纹的刻画简洁、单纯。迦叶则老成持重，颇具长者风范，他一手平伸，一手上举，慈祥的眼神中充满睿智的光芒。菩萨上身璎珞垂胸，披帛斜挎，下身着华丽的锦裙；头部微侧，眼睛半闭，身体微微弯曲作S形；动作优美，神情娴雅。天王身披铠甲，一手叉腰，一手执兵器（已失），足踏恶鬼。艺术家非常注意这些雕塑的群体性，这些彩塑一铺少则五六身，多则十几身，彼此的形态动作相互呼应，表情也互为补充，如二弟子一老一少的表情互为映衬，菩萨的慈祥与天王的刚烈相对比，往往形成一动一静、一松一紧，对比中体现着个性，产生极强的艺术魅力。

　　第194窟中央的佛作善跏坐势，表情平静，神态慈祥。北侧的菩萨斜挎披帛，罗裙垂地，赤足站在莲台上，身体向后微微倾斜，显出妩媚的姿态；南侧的菩萨头梳双环髻，长眉入鬓，面颊丰腴，双目低垂，露出隐隐的笑意，体态丰腴，肌肤莹洁（图9）。身体自然舒展，衣纹飘柔，

图8　莫高窟第45窟 彩塑佛像 盛唐

图9　莫高窟第194窟　菩萨　盛唐　　　　　图10　莫高窟第194窟　天王　盛唐

服饰富有质感。北侧的天王，戴头盔，着铠甲，脸上露出刚毅、果敢的神情。南侧天王与此相对，发髻高耸，身披铠甲，神情敦厚，面带爽朗的笑容，分明是一个性格豁达、心胸宽广的将军（图10）。这一组彩塑以佛为中心，突出表现一种庄严而富有浓厚人间气息的境界。不论是佛、弟子还是菩萨、天王，都显得真实可感。从菩萨身上我们可感知那个时代的妇女的温婉、娴静的个性；而天王、力士，也都是唐朝现实生活中将军、士兵的写照。

　　隋唐长安、洛阳等地的寺院大都不存，但从五台山南禅寺、龙门石窟奉先寺等雕塑中，我们依然可以了解唐代佛像雕塑的风采，敦煌隋唐彩塑与之一脉相承，共同反映着这个时代佛像雕塑的辉煌成就。

　　2. 绘画

　　隋唐时代的画家最主要的作品几乎都是画在寺院中的壁画。而寺院又是上自帝王贵族，下迄平民百姓都可以进入的地方，因此，汇集了这些名家所绘壁画的寺院，好比是一个艺术博物馆，成为了当时城市居民受到艺术熏陶的理想场所。正因为如此，画家们为了画好一幅壁画，常常是倾自己平生的精力来创作。《寺塔记》记载了长安崇圣坊资圣寺中有画家卢楞伽的画："院门里，卢楞伽画。卢常学吴势，吴亦授以手诀，乃画总持三门寺。方半，吴大赏之，谓人曰，楞伽不得心诀，用思太苦，其能久乎。画毕而卒。"[20] 卢楞伽的绘画能得到当时大画家吴道子的赏识，一定是达到相当高的水平了，但却因绘画用心太苦而死。这说明画家们对寺院壁画创作付出了极其艰苦的努力。

唐代文献还记载了吴道子在赵景公寺画的地狱变，"笔力劲怒，变状阴怪，睹之不觉毛戴，吴画中得意处"[21]。由于地狱变强烈的感染力，"京都屠沽渔罟之辈，见之而惧罪改业者，往往有之，率皆修善"[22]。寺院的壁画达到了这样的社会效果，一方面说明画家高超的艺术造诣，一方面也说明寺院壁画在普通人心目中的重要意义。

隋唐时代那些著名的画家几乎没有不在寺院中画壁画的，寺院的需求也造就了一大批画家，包括曾位居高位的阎立本，被称为画圣的吴道子，乃至大诗人王维等，均有重要的作品是画在寺院中的。画家们都努力在寺院壁画中展示自己非凡的才艺，

[20] 段成式：《寺塔记》卷下，人民美术出版社，1964 年，第 29 页。但《历代名画记》卷九所记，与此稍有不同："棱伽乃窃画庄严寺三门，锐意开张，颇臻其妙。一日，吴生忽见之，惊叹曰：此子笔力常时不及我，今乃类我，是子也，精爽尽于此矣。居一月，棱伽果卒。"见《历代名画记》卷九，人民美术出版社，1964 年，第 178 页。

[21] 段成式：《寺塔记》卷上，人民美术出版社，1964 年，第 8 页。

[22] 朱景玄撰，温肇桐注：《唐朝名画录》，四川美术出版社，1985 年，第 4 页。

而寺院由于是广大民众随时观览的地方，优秀的壁画也因寺院而得以在民间传播。《唐朝名画录》记载了作者曾听八十岁的老人讲述吴道子当年绘画的情景："吴生画兴善寺中门内神圆光时，长安市老幼士庶竞至，观者如堵。其圆光立笔挥扫，势若风旋，人皆谓之神助。"[23]普通民众可以有机会直接观看画家作画，而画家的高超技艺也因此得以传扬。

中国画家的作品在任何时候都没有像这个时代那样接近广大民众。艺术品的价值是通过千百万普通观众的眼光来检验的。由于宗教的普及特性，任何一种艺术都难以像佛教艺术这样拥有众多的观众、众多的供养者（赞助人），并吸引了绝大多数艺术家参与创作。《太平广记》曾引用唐《画断》关于周昉的故事：唐德宗请周昉为章敬寺画壁画，周昉躲在屏障后听观者的评价，"都人观览，寺抵国门，贤愚必至。或有言其妙者、指其瑕者。随日改之，经月余，是非语绝，无不叹其妙，遂下笔成之，为当代第一"。这个故事不一定很真实。但是放在唐代这个环境中，即使不是周昉，也可能有这样的画家。也就是说，画家们虚心听取普通观众的意见，尽可能使自己的作品适合普通民众的需要，这一点是唐代艺术创作中较有代表性的。正是在这样一种观众与艺术家的互动中，佛教促使美术发展成一种公共的艺术，佛教寺院、石窟里的这些壁画、雕刻等，任何人不分地位等级都可以尽情来欣赏，艺术品不再单纯是为帝王或某些个人而作，艺术家在这里得到广泛与民众接触与交流的机会，这是隋唐艺术成为中国美术史上最辉煌时代的重要原因之一。

从敦煌唐代壁画中，我们可以了解唐代画家阎立本、吴道子、李思训、周昉等等画家的风格特征。从而复原出唐代两京寺院壁画的盛况。对唐代绘画的分析，详见本书《敦煌唐代壁画艺术》一篇，本处从略。

3. 书法

寺院中往往要请著名书法家题额，有时甚至皇帝亲自赐额，以示恩宠。

而寺院中的各种碑刻文字，也会请当时的书法名家写成，因而寺院中也展示着当时的书法艺术。

唐代文献所记寺院匾额由名人书家题额者极多，见于《历代名画记》所载，就有如下书迹：长安的荐福寺，武则天亲自以飞白书额。资圣寺，殷仲容题额。千福寺是一所重要的寺院，其中的书法作品也十分集中，寺额为上官昭容书。中三门外东行南，太宗皇帝撰《圣教序》，沙门怀仁集王右军书。千福寺西行，则有楚金和尚《法华感应碑》（即后世流传的《多宝塔碑》），颜真卿书，徐浩题额。东塔院额为高力士书，西塔院为玄宗皇帝题额。塔院西廊有怀素草书，塔院北面也有颜鲁公书。海觉寺，有欧阳询题额。著名的慈恩寺，则有太宗皇帝撰文，著名书法家褚遂良书《三藏圣教序》。西明寺，有刘子皋书额。东廊东面第一间《传法者图赞》，褚遂良书。第三间、第四间均有欧阳通书。寺院中往往书家与画家结合，画家画出了壁画，其中由书家写字。如兴唐寺有韩干画一行大师真，由徐浩书赞。净域寺，院门内外神鬼，王韶应画，王什书牓子[24]。

在化度寺，有欧阳询《化度寺塔铭》，全称为《化度寺故僧邕禅师舍利塔铭》，唐李百药撰文，欧阳询书，贞观五年(631年)立石，历来被认为是欧体书法中优秀之作，原石早已佚失，传世有多种本子，大多经历代翻刻，未免失真。而在敦煌藏经洞，却意外地发现了唐代拓本《化度寺塔铭》，应该是

[23] 朱景玄撰，温肇桐注：《唐朝名画录》，四川美术出版社，1985年，第4页。

[24] 牓子，就是榜题，以壁画中写出文字说明壁画内容，在敦煌壁画中就可看到壁画中榜题文字。

图11 欧阳询《化度寺塔铭》拓片

最接近原作的。此件拓本现存英、法两处，前两页存法国，为 P.4510 号（图11）。后十页存英国，为 S.5791 号，每页四行，行五字，风格古朴，锋颖如新，从中我们可以看出欧阳询清逸、劲秀而又险峻、奇崛的书风。欧体书法名作传世的还有欧阳询之子欧阳通书《道因法师碑》，道因法师于贞观十九年（645年）受召到长安协助玄奘翻译佛经。显庆三年（658年）于长安的慧日寺圆寂，弟子们于龙朔三年（663年）立此碑，由李俨撰文，欧阳通书。此碑现存西安碑林。

前文提到大书法家颜真卿的《法华感应碑》，全称为《大唐西京千福寺多宝佛塔感应碑文》为颜体书法的代表作品之一。多宝塔在长安以东的兴平县（今陕西兴平）千福寺内。天宝四年（745年）塔成，由岑勋撰文，颜真卿书。这件书法作品自唐代以来就备受人们喜爱，至今仍然作为初学书法的入门模板。清人王澍称赞其"以浑劲吐风神"（《竹云题跋》）。与颜真卿同样称誉于唐代书坛的柳公权，也有不少作品是为寺院而写的，《玄秘塔碑》堪称其代表。柳公权书《金刚经》唐代拓本也因敦煌石窟得以流传下来（图12），这件完整的《金刚经》拓本现藏法国国家图书馆，编号为 P.4503。在卷末还署了刻工强演、邵建和的名字，这两位都是唐朝有名的刻工，前述柳公权的名作《玄秘塔碑》正是邵建和及其弟建初所刻。

总之，隋唐时代寺院为提高自身的影响力，都要请著名书法家题额或者写碑，而书法家也因存于寺院的作品而在民间广为流传。所以，今天我们看到唐代书家的作品有相当一部分都是存于寺院的。隋唐时代的写经书法，也是佛教书法中不可忽视的内容。唐代有宫廷写经制度，由

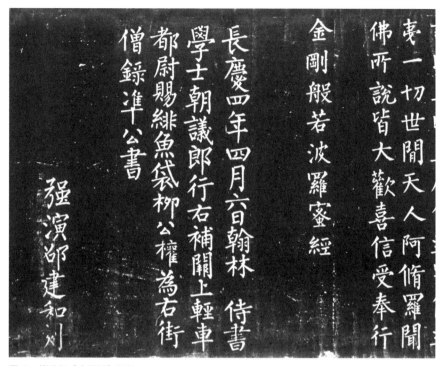

图12 柳公权《金刚经》拓片

朝廷组织善书者抄写佛经，颁布全国。敦煌藏经洞出土的写经中，就有不少宫廷写经，反映了中原写经书法对敦煌写经的影响。

五、小结

从以上几个方面，我们知道隋唐时代寺院在普通民众文化生活中具有何等重要的意义。佛教由印度传入中国，在与中国本土思想的各种冲突与斗争中发展起来，变成了适应中国社会的一大宗教，到了中国封建社会的盛世，佛教在中国同样也达到了鼎盛阶段，中国文化因为佛教而变得丰富多彩，佛教给人民带来了丰富的精神生活，在日常的娱乐和文化生活中，佛教寺院和石窟成为市民们首选的场所。中国的文学家、艺术家因为佛教而产生了多少灵感，而留下了多少流传千古的文学、建筑、绘画、书法等方面的作品，成为数千年中华文明发展史中重要的篇章。由于敦煌石窟和敦煌文献的无限丰富，我们以敦煌资料为基础，对照分析长安及丝绸之路的考古遗存，就可以在一定程度上还原隋唐时代民众文化生活的状况，从而展示一个形象的、立体的隋唐文化史。

六　敦煌唐代壁画艺术

唐朝是佛教极为发达的时代，长安、洛阳等地曾建有数百座佛教寺院，影响所及，全国各地寺院林立，佛教信仰的相关活动成为普通人文化生活的重要内容。寺院是上自帝王贵族，下至庶民百姓都可以进入，并参与宗教活动的地方。在宗教活动成为日常生活的时代，寺院便成为普通民众的文化生活空间和娱乐空间。人们通过参加寺院的各种活动而获得了宗教的、艺术的知识，通过共同的宗教活动而得到了人与人的交流与沟通。而寺院也为了吸引信众，加强了对民众文化的普及，往往通过带有娱乐性质的俗讲和佛寺活动来提高民众参与的兴趣。于是，与文学、戏剧、音乐舞蹈、美术等相关的活动都会在寺院中举行。唐代高度发达的经济，为当时的文化娱乐奠定了强大的物质基础，寺院建筑及其中的雕塑、壁画也竞相豪奢。宋代文学家苏东坡说过："诗至于杜子美，文至于韩退之，书至于颜鲁公，画至于吴道子。而古今之变，天下之能事毕矣。"说明到了唐代以杜甫为代表的诗，以韩愈为代表的文，以颜真卿为代表的书法和以吴道子为代表的绘画艺术都达到了极盛的时代，后人几乎是不可企及。杜诗与韩文都较完整地流传至今，使我们得以体会唐代文学的精神，颜鲁公的书法，虽然真迹不多，但也通过大量的碑刻得以保存，只是吴道子的画却没有能够保存下来，使我们难以获得对唐代绘画的认知。但从敦煌石窟大量的唐代壁画中，我们可以领略到唐代绘画的精神所在。吴道子的时代，是佛教艺术高度发达的时代，佛教寺院成为雕塑与绘画艺术家展示自己才华的最佳场所，当时的著名画家都在寺院中绘制了杰出的壁画作品。由于时代变迁，长安等城市的寺院早已无迹可寻，而在西北的敦煌却保存着一千多年前隋唐石窟的真迹。其中数量庞大的彩塑和壁画，为我们展示了隋唐艺术的成就。石窟是寺院的补充形式，在佛教兴盛的时代，一方面在城市里建立了大量的寺院，一方面在相对远离城市的地方，开凿了不少石窟。从内容上来说，石窟中的雕刻和壁画与寺院中是一致的。敦煌壁画所反映的唐代绘画，应该是当时绘画的主流。

一、佛国之景与现实之境

唐代洞窟中流行经变画，经变画就是概括地表现一部佛经的主要内容，情节较多，规模较大的画。它不像佛经故事画那样单纯地表现一个有头有尾的故事，而是综合地表现一部佛经的主题内容，代表性的经变有维摩诘经变、阿弥陀经变、观无量寿经变、弥勒经变、法华经变等。

其中以净土世界为中心来表现的经变为数最多，包括阿弥陀经变、观无量寿经变、法华经变、弥勒经变、药师经变等等。佛教所说的净土，就是指佛国世界，经变通常是以表现净土的画面即净土图为中心的，在周围描绘佛经中相关的故事情节。有的经变还在净土图的两侧以条幅的形式表现相关的内容。如观无量寿经变，中央表现阿弥陀净土（也称"西方净土"）的景观，两侧以条幅的形式表现"未生怨"和"十六观"的内容；药师经变则是在中央表现药师净土（也称"东方净土"），两侧的条幅表现药师经中所讲的"九横死"和"十二大愿"等内容。

这里引人瞩目的是净土世界：以佛说法会为中心，在佛周围描绘华丽的殿堂楼阁和宝池平台，用以表现佛教净土世界，如观无量寿经变和药师经变等。或者描绘山水风景，如法华经变、弥勒经变等。于是，佛经的表现不再仅仅是对佛说法等情节的图解，而是以丰富的环境，烘托出一个理想的佛教世界。虽说是理想的世界，但其中的一山一水，和无数楼阁连同其中的佛、菩萨、伎乐、飞天等等却是那样真实可感。盛唐的经变画以中轴线为中心对称构图，两侧的建筑等景物形成的斜线与中轴线相连，造成了一定的空间感。如第172窟南北壁的观无量寿经变就是典型的例子（图1）。比起科学的透视法来，它还不完善，但在科学的透视法尚未发现的8世纪，这样的构成就是表现空间远近关系最有效的办法。在平面的画面上表现出三维空间的视觉效果，是古代画家们在相当长时期内追求的目标。欧洲从13世纪开始研究绘画中远近表现的方法，到了文艺复兴时代产生了科学的透视法，成为欧洲古典绘画的基本特征。可是中国在唐代（8世纪前后）绘画中就已有成熟的空间表现技法。

经变画以描绘佛国世界的种种美好景象为目的，表现出华丽的宫殿

图1　莫高窟第172窟北壁 观无量寿经变 盛唐

楼阁、洁净的七宝水池，飞天在空中散花，乐队在演奏音乐，舞伎应节而舞……等等。佛教在唐代已达鼎盛时期，为宣扬净土世界的种种美妙景像，需要有更形象而真切的画面来满足普通信众的需要，于是净土经变就应运而生。艺术家们尽情地想象佛国世界的种种美好，以精湛的手法绘在寺院石窟的壁画中。隋唐时代著名的画家都很擅长于画经变画。然而经变画对佛国世界的想象，终究离不开现实生活。经变中那些华美的宫殿楼阁，正反映了当时现实中的建筑景像。《历代名画记》曾记载隋代画家杨契丹长于画建筑，郑法士想要借他的画本（底稿），"杨引郑至朝堂，指宫阙、衣冠、车马曰：此是吾画本也。由是郑深叹服"。说明那时的画家是以现实的宫殿建筑为依据来画的。由于这些画家们的努力，使隋唐时代的建筑画达到了极高的水平。特别是唐代的建筑画在表现远近的空间关系方面取得了很大的成果。由此，我们从经变画中所观赏到的天宫建筑，实际上可能就是唐朝雄伟壮丽的宫殿，还有在经变画中的人物、服装、车马等等，正展现了那个时代现实社会的面貌。

而经变中的山水之景也同样反映了当时高度发达的山水画。在敦煌壁画中有不少经变是以山水来表现佛国世界的，如莫高窟第446窟、榆林窟第25窟等窟的弥勒经变都是以山水为中心而描绘出来的。弥勒经变通常在中央部绘出须弥山，山上绘出宫殿，象征须弥山和兜率天宫的景象。第33窟南壁（图2），第446窟北壁的弥勒经变形成了新的山水空间。中心仍然是须弥山，但在周围绘出绵延的小山，仿佛从宇宙的高空向下俯视远景山峦，给人以无限远，无限辽阔的空间感。或许正是佛教思想中关于三千大千世界的理论，启发了画家们对山水景物的描绘，营造了这样奇妙的山水。壁画中须弥山作为远景置于画面上部，而近景中则表现儴佉王及眷属剃发出家以及嫁娶图、耕作图等场面。这些富有人间生活气息的场面显得十分写实，而空间处理的成功，也使画面具有写实性。

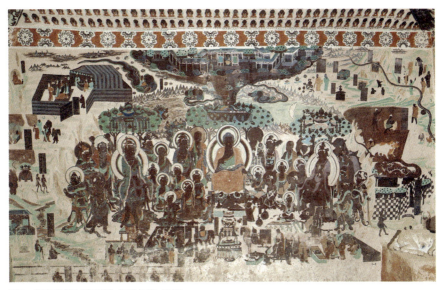

图2　莫高窟第33窟南壁　弥勒经变　盛唐

把须弥山的世界（天国）和人间世界这两重世界统一在一个画面中了。中唐时代的第231窟北壁东侧的弥勒经变没有绘出像第33窟那样带有神秘色彩的须弥山，却描绘出云环雾绕的兜率天宫，近景中也是十分写实的山水风景，近处是平原，其中还描绘出动物在安静地或走或停。同样也是天界与人间都描绘在同一画面中，而人间的现实世界特征更强一点。

　　盛唐时期李思训、李昭道父子开创了青绿山水画。以青绿重色表现出富丽堂皇的气象。深受时人喜欢。李思训官至右武卫大将军，人称"大李将军"，而把他的儿子李昭道称为"小李将军"。唐代的评论家说李思训为"国朝山水第一"，可惜他的山水画真迹已经不存，台北故宫有传为李思训的《江帆楼阁图》和传为李昭道的《明皇幸蜀图》，都是后人临摹品。但在敦煌壁画中却有不少青绿山水画面，为我们了解李思训一派山水画的原貌提供了真实的依据。莫高窟盛唐第217窟、103窟、148窟、172窟等窟都有不少青绿山水画的作品，从中我们可以看出李思训画风的特色。

第217窟南壁的山水图景主要表现了四组山峦（图3）：左侧一组山峰刻画颇细，以石绿和浅赭相间染出，峰峦上的树形除了沿用过去那种装饰性的树形外，又相应地描绘了树的枝叶细部，还画了许多悬垂的藤蔓。右侧是潺潺的流水。中部是一组平缓的山丘，与左侧的山崖相映成趣，用很单纯的笔法勾描，平涂石绿色并刻画了不同的树木，花开烂漫，一片春色。右上一组山最引人注目，飞流而下的瀑布，虽已变色，但仍使人感到充满生意，仿佛点睛之笔，是画面中最传神之处。左上部的远景，尽管不如前面几组富有特色，但在画面的构图上是必不可少的，它把左侧近景山崖与右侧一组山峦有机地连系在一起，在两组山崖之间还画出一行大雁飞向远方，使山水显得较有纵深感。

第103窟南壁的山水画内容与第217窟相似，但在构图上有所不同（图4），上部远景中，绘一群人从右向左前行，前面一人牵着大象，大象驮着很多行李，后面一人戴风帽，骑着毛驴，像一个贵族人物，身后

图3 莫高窟第217窟南壁 山水 盛唐

又有二人步行跟随。下部描绘近景山水，左侧是一座险峻的悬崖，上面垂下青藤翠蔓，岩石间一道山涧凌空流下。崖下是曲折的河流。与左侧的悬崖相对，右侧也是一座高耸的山峰，山脚下旅行的人们在这里休息。这一景色成了画面的主要内容，经变画本来的图解佛经内容的意义淡化了，而倒像是一幅完整的山水画。此画是唐代青绿山水画的代表作品。

图4　莫高窟第103窟南壁　山水　盛唐

在第103窟、217窟的山水画中，画家们充分调动了山水的各个要素，山峰、河流、瀑布、树木、藤蔓等都各得其宜，表现得十分协调，山峰有耸立的危崖，有平缓的小丘，有近景的岩石，有远景的峰峦。河流也各有曲折，远景河流细细如线，近景中波浪翻滚，还有山崖上喷出的瀑布、泉水，体现出透明之感。树木更是种类繁多，开花者如桃如李，近景中柳树婆娑，松树挺立；悬崖上青藤垂下，草丛茂盛。从野外到城里，人物来来往往。这一切构成了完美的山水人物图。

莫高窟第217窟约开凿于景云年间（710～711年），大致与李思训同时或稍晚，第103窟的营建时代比第217窟稍晚。这两窟的壁画受到李思训一派山水画风格的影响是很自然的，从敦煌壁画中我们也可以探索唐代青绿山水的发展状况。

第172窟东壁北侧文殊变上部山水图中共画出三条河流，由远而近流下，在近处汇成滔滔洪流，左侧是一组壁立的断崖，中部是一处稍低矮的山丘，画面右侧是一组山峦，沿山峦一条河流自远方流下，近处则表现出汹涌的波浪，远处河两岸的树木越远越小，与远处的原野连成一片，突显出一种无限辽远的境界。对河流的描绘引人瞩目，特别是汹涌澎湃的波浪，极有气势 (图5)。细看画中的水波，又可见画家在色彩晕染中有意表现出水中反射的波光。由此可知唐朝画家已掌握了光与色的表现技法。

二、极乐世界与人间诸相

初唐第220窟东壁的维摩诘经变，在门两侧分别画出维摩诘与文殊菩萨。南侧是维摩诘坐在帐中，手持麈尾，双目炯炯有神，神情激昂，

图5　莫高窟第172窟东壁　山水

沉浸在论辩的气氛中；香积菩萨托钵跪在前面。下面是各国王子听法的场面，上部则画出妙喜世界。门北侧是文殊菩萨和弟子、菩萨以及帝王、大臣听法。画中最有意义的是中国的帝王、大臣与少数民族国王的形象。皇帝戴冕旒，着衮服，两手伸开、仪态雍容，大臣们前呼后拥，显出至尊气派（图6）。初唐到盛唐的维摩诘经变壁画中，绘帝王图与外国人物形象已成定式。中唐时期，由于吐蕃占领了敦煌，这时的维摩诘经变中描绘各族王子的场面，一般都以吐蕃赞普的形象为首，形成与中原帝王分庭抗礼的景象。如第159窟东壁门的南北两侧分别绘制以维摩诘和文殊菩萨为中心的众多人物，在南壁维摩诘的下部，画出吐蕃赞普头戴红毡高帽，穿着虎皮翻领袍，腰系革带，佩长剑，右手持香炉立于一个方台上，身后还有侍从替他打着曲柄华盖。

图6　莫高窟第220窟东壁　帝王图

　　莫高窟第 220 窟开凿于贞观十六年（642 年），在这个具有新潮风格的初唐洞窟中出现了帝王图，与当时画家阎立德、阎立本兄弟有密切关系。阎氏一门三人，父亲阎毗在隋代的朝廷作官，主要负责建筑、装饰、绘画等方面的事务，子立德、立本兄弟在初唐宫廷中先后担任负责建筑与装饰的长官（将作大匠），阎立本后来提升为右相，参予国家大事。立本早年曾为太宗创作了《秦府十八学士图》和《凌烟阁二十四功臣图》等，赢得了很高的声誉。立德、立本兄弟均绘有《帝王图》与表现外国人物的《职贡图》，今美国波士顿艺术博物馆藏《历代帝王图》、故宫博物院藏《步辇图》传为阎立本所绘。通过比较莫高窟第 220 窟壁画中的帝王图与波士顿艺术博物馆藏《历代帝王图》，发现二者有诸多相似之处，可知敦煌所绘帝王图当传自中原，应受阎立本兄弟的影响。因为阎氏兄弟在朝中作官，有机会经常与皇帝接触，并亲眼目睹外国使节来访的场面。所以他们画出帝王图和外国人物图便会被尊为典范，成为当时画家们争相传模的样本。莫高窟第 220 窟营建之时，正是二阎在朝廷中作官之时，帝王图与外国人物图传到敦煌，正与这个时代相符。除了第 220 窟外，还有稍晚的第 332 窟、335 窟、103 窟等洞窟都出现了帝王图与外国人物形象，这些人物形象写实，服装规范与阎立本画中一致，无疑是在阎立本一派画风影响下创作的。

　　阎立本作品所代表的初唐绘画是十分讲究写实的。古代没有摄影，如宫廷中的一些重大活动，总是要让画家来当场写生，因此画家们的写生能力极强。而在这种写实风气影响下，佛教壁画虽是表现想象的天国世界，却也要把真实世界中的景象画到壁画之中。除了前面所说的宫殿建筑外，乐舞场面也是很有写实性的，从中我们可以了解唐代宫廷音乐的盛况。如莫高窟第 220 窟的药师经变，乐舞规模较大，两旁有两组乐队奏乐，中间有两组舞蹈，左侧一组舞步轻柔，好像在旋转，有人推测是唐代著名的"胡旋舞"，右侧的舞蹈步伐刚健有力。

经变画中乐舞场面的基本形式是中央有舞蹈者起舞，两侧有乐队伴奏。乐队人数少则七八人，多则二三十人。如第148窟东壁观无量寿经变的乐队人数达30人，是乐队人数较多者。乐队所用的乐器也反映着不同乐曲的特征。不过我们今天只能看到图像而无法听到音乐，所以难以想象其音乐之妙处。但我们从配置的乐器上也可以在某种程度上想象出乐曲风格。如有的乐队突出吹奏乐，有的以弹拨乐器为主，有的以打击乐器为主等等。根据对壁画中乐队配器的调查，研究者认为敦煌壁画中的音乐总的来说是倾向于"西凉乐"的特征。《旧唐书·音乐志》记载西凉乐有"钟一架、磬一架、弹筝一、筝一、卧箜篌一、竖箜篌一、琵琶一、五弦琵琶一、笙一、箫一、筚篥一、小筚篥一、笛一、横笛一、腰鼓一、齐鼓一、鼓一、铜钹一、贝一、编钟今亡"。如果对照初唐第220窟药师经变画中乐器的配置，除了无钟、磬，但有方响，其他各种乐器都有，而鼓的种类更多，总的演奏人数达27人（图7）。虽然不完全符合史书所载的"西凉乐"，但大部分乐器都具备。在乐队中，往往打击乐的鼓排在较前列，方响、箜篌等大型的乐器会安排在显著的位置。壁画中乐队的排列当然主要从画面的视觉上考虑，画家不一定按演奏时的真实情况表现。但即使是真实的演出，也同样要考虑观众的视觉，所以，壁画还是较真实地反映了当时的音乐演奏信息。

从壁画中还可看到隋唐时代各种乐器的形象，其内容涵盖了打击乐器、弹拨拉弦乐器、气鸣乐器等所有传统乐器的类型，可以说是一个古代乐器形象的博物馆。气鸣乐器中就有横笛、凤笛、异形笛、竖笛、筚篥、排箫、笙、角、贝、埙等；弦鸣乐器中有琵琶、阮、弯颈琴、琴、筝、箜篌；打击乐器中，鼓就包括：腰鼓、答腊鼓、羯鼓、鼓、齐鼓、鸡娄鼓、手鼓、扁鼓、节鼓、羁鼓、大鼓、军鼓等，此外有方响、拍板、钟、锣、串铃、

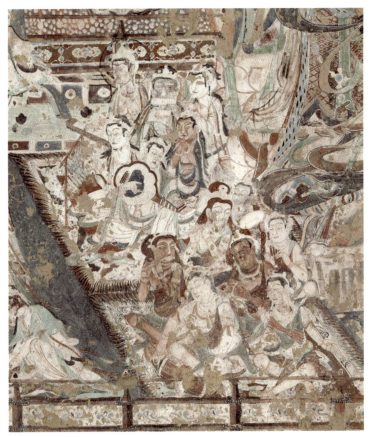

图7　莫高窟第220窟北壁东侧　乐队　初唐

金刚铃、铙、钹等。有的是过去见诸文献而没有实物流传下来的，有的则是与传世的乐器有所不同的，这些都丰富了我们对传统音乐的认识。

此外，如弥勒经变主要是描绘弥勒净土世界。佛经中说，在弥勒世界，路不拾遗、夜不闭户，还有"一种七收"、"树上生衣"等奇迹，人们用力甚少，收获甚多。人寿八万四千岁，妇女五百岁才出嫁。所以壁画中常常以现实生活中的婚礼场面，来表现《弥勒经》中所说"女人五百岁出嫁"的内容：在一个大院的外面，有一个大大的帐篷，新郎新娘和众多的宾客们正在里面欢宴，有一人正在跳舞。这一场面正反映了唐代婚俗中新婚之日，于户外搭"青庐"的习惯。为了表现经中所说"一种七收"

的内容，还往往画出农夫辛勤耕作和收获的场面。这些画面展示了一部形象的历史，让我们了解到一千多年前人们生活的状况。

作为佛教石窟，敦煌石窟的开凿离不开古代佛教信众。那些出资营建洞窟的人，称作"供养人"，通常要在洞窟中适当的位置画出他们的形象，即供像人像。供养人像往往要画出一个家族甚至很多亲戚的形象，并记下他们的名字、官衔等等。所以供养人的形象以及他们的题名结衔，就成了我们认识那个时代参与石窟营建者历史的重要资料。同时，供养人的服饰，真实地反应了不同时代人物的服饰特征，为我们提供了十分珍贵的服装史资料。莫高窟第130窟《都督夫人礼佛图》是唐代供养人像的代表作，表现的是当时的瓜州晋昌郡都督的夫人和女眷们的形象，华丽的服饰和雍容的神态，反映了盛唐时代贵族妇女的风度。

三、宗教之美与世俗之美

敦煌石窟是佛教石窟，绘画首先要考虑宗教方面的功用，但是隋唐以后，随着佛教寺院与石窟在人们日常生活中的普及，佛教壁画所表现的宗教理想也逐渐被世俗的审美所代替。对佛、菩萨的描绘，往往是按照现实生活中的人物来表现的。只不过是集中了世间理想的美来表现佛、菩萨等形象。

如盛唐代表洞窟第217窟，西壁佛龛北侧的观音菩萨身体略呈"S"形弯曲，一手持花在胸前，一手提着净瓶；南侧的大势至菩萨两手交叠于腹前，神情雍容。两身菩萨都衣饰华丽，色彩丰富。尤其是纹样丰富的长裙，体现一层层透明的质感，肌肤的晕染色彩较厚重，现都变色严重，但从变色之中，仍能看出面部眼眉勾勒细致而严谨的笔法。佛龛内的塑像已失，而在头光图案之间，画出的菩萨、弟子形象，同样表现出高超的水平，龛内北侧迦叶的形象，通过头部、脖颈的线描明晰而有力，眼睛的表现稍有夸张却表现出老僧睿智的神情。背光旁边的一个弟子头像，描绘出长长的眉毛，而在睫毛之间露出的眼神，却同样炯炯有神。南侧的阿难则是眼睛微闭，如在遐思。画在上部的菩萨像，用色较淡因而变色不太严重，面部的色彩与线描清晰可见。有的嘴唇微启，似欲言说；有的双目半闭，面色慈祥。

莫高窟第103窟的维摩诘经变中的人物描绘，体现着盛唐人物画最高水平（图8）。此窟东壁南侧绘维摩诘坐于帐内，身体前倾，手持麈尾，目光炯炯，嘴唇微启，仿佛正与文殊论辩的样子。这一人物形象虽然在很多洞窟都有表现，但在此铺壁画中，画家强劲的线描，把人物神情姿态表现得如此鲜活，十分难得。人物面部的轮廓及衣纹的线条充满韵律，包括表现胡须的细线，似乎都与人物的精神密切相关。显然画家对自己的线描笔法极有自信，为了突出线的韵味，除了衣服上有用赭色、黑色和绿色染出外，身体大部分都不用色彩。与维摩诘相对的文殊菩萨则是神情安详，右手持如意，左手伸出二指，表现出从容对谈的姿态。如果说维摩诘的描绘上显示出一种强烈外张的力量，那么文殊菩萨的形象则要松弛得多，安静、从容似乎更符

图8 莫高窟第103窟东壁门南 维摩诘 盛唐

合菩萨的个性。而这一张一弛，在对称的画面中，也达到一种平衡。在维摩诘下部的外国人物与文殊菩萨下部的中国帝王及大臣形象，同样也构成一种对比。外国人物排在前列的都是半裸的身体，仅着短裤，肌体外露。由于服装不统一，画面相对来说结构较松；而中国帝王及大臣们都衣着整齐，华丽的服装，衣纹形成了有规律排列的线条，在视觉上造成一种紧密的气势。这一紧一松的对比，与上部两位主角的对比相呼应，使画面的构成疏密相兼，松弛结合，层次丰富而完整。

这种以线描造型为主，在画面中造成完整气势，具有感染力的人物画，令人想到唐人画家吴道子的风格。盛唐时代，吴道子在当时长安和洛阳一带的寺院中画了大量的壁画，其中如地狱变等绘画使观者"腋汗毛耸，不寒而栗"。据说许多屠夫渔民见了长期都不敢再从事屠宰的行当。说明其感染力是很强的。而吴道子创造了兰叶描的技法，"其势圆转而衣服飘举"，即所谓"吴带当风"。这种线描的特点在于"用笔磊落"而富于变化，能表现完整的气韵。由于吴道子的线描水平极高，他常常画完线描，让弟子们上色，而弟子们不敢覆盖了他的线描，常常用淡色，以突出他的线描。吴道子因他的杰出艺术而被称为"画圣"。可惜一千多年之后的今天，长安、洛阳的唐代寺院都没有保存下来。吴道子的作品我们也就无从得见。而在敦煌壁画中，如第103窟维摩诘经变这样的人物画风，却反映出类似吴道子的风格。在那个丝绸之路交往频繁的时代，出于佛教寺院与石窟营建的需要，必然存在长安、洛阳等地的画家到敦煌作画，或者敦煌的画家到长安学画之后，回到本地作画的情况。没有文献记载过吴道子到敦煌作画之事，但是吴派的画家，或者受吴派影响的画家到敦煌作画的可能性还是有的。

吴道子画风的意义在于：线描不仅仅是用以造型的技法，线描本身的力量、流动之美也表现着一种气韵和精神。在莫高窟第103窟、217窟、

199窟、158窟、159窟、112窟等唐代的代表洞窟壁画中，都可以看到线描艺术的成功之作。

莫高窟第130窟甬道南北两壁保存了晋昌郡都督一家的供养人像。北壁为晋昌郡都督乐庭瓌及三个儿子的供养像，乐庭瓌手持长柄香炉虔诚向佛，头戴幞头，身着圆领长袍，腰系革带，足踏乌靴。前面两个儿子身着褐色圆领袍，持笏而立，小儿显然还未成年，穿白色圆领袍，双手合十而立。后面侍从四人各持物而跟随在后。南壁为都督夫人太原王氏及女眷的供养像（图9），夫人着华丽的红花长裙，肩上有帔帛，双手笼在袖中抱持香炉。身后女儿十一娘双手持花紧随其后，次女十三娘双手笼在袖中，她头上一枝凤形步摇引人注目。身后的侍女达九人。这两

图9 莫高窟第130窟 都督夫人礼佛图

组供养图中，主要人物形象的高度均超过 2 米，乐庭瓌及儿子的供养像体现出一个地方官员的气势，都督夫人供养图中一家人华丽的着装，雍容的气质，体现着唐代贵族的风度。

像这样规模较大的供养人像在唐代前期洞窟中并不多见，盛唐洞窟中如第 45 窟、217 窟等窟的经变画中，可以看到类似的人物表现，如第 45 窟南壁观音经变中就有形象丰盈的妇女，而北壁观无量寿经变的未生怨故事中的韦提希夫人形象，也是唐代贵族妇女的形象特征。第 445 窟北壁弥勒经变中表现妇女剃度场面中，也可看到丰满型的妇女。与第 130 窟都督夫人供养图中的妇女形象相似。晚唐时期如第 156 窟、196 窟的供养人都画在甬道两侧，人物形象高大，表现出雍容华贵的气象。

唐代女供养人的造型与神态表现，令人想起周昉的《簪花仕女图》等作品中的人物，其神态与风韵非常相似。周昉的人物画，当时称为"周家样"，画史上将周昉与曹仲达、张僧繇、吴道子并举，称为是佛画的四大家。然而第 130 窟的营建时代为开元九年至天宝初年（721～746 年），周昉活跃于画坛则是在大历至贞元年间（766～805 年），莫高窟第 130 窟的壁画比周昉的时代为早。画史又载周昉"初效张萱，后则小异"。张萱于开元天宝年间供职于内廷，也就是成为了宫廷画师。画史对张萱的记载较简略，但大体都强调他善于画妇女和儿童。《唐朝名画录》说"画士女乃周昉之伦，其贵公子、宫苑、鞍马，皆称第一"。张萱的作品今已不传，但有北宋摹本《虢国夫人春游图》与《捣练图》传世，这两幅作品虽为宋人摹写，但从中仍然可见唐朝人物画风采。考虑到周昉曾效仿过张萱的绘画，说明周昉与张萱风格相似。第 130 窟的时代与张萱时代吻合。都督夫人供养人像体现了当时中原地区流行的张萱仕女画风。从张萱到周昉，唐代的人物画表现出体态丰满、雍容华贵的特点。而作为佛教绘画中独树一帜的"周家样"，恐怕也正是把这种世俗的人物画引进了佛教绘画中，形成了新的佛教壁画的时尚。画史上还记载周昉"妙创水月之体"。也就是水月观音菩萨像，这是以中国式的审美精神和绘画形式来表现佛教艺术的又一创新。把观音菩萨置于有水有月亮的一种自然山水的环境中，仿佛是中国式的文人吟风弄月，这样的一种表现，显然是把观音菩萨作为中国式的士大夫文人来看待了。而这样的观音像一经创立，很快就在全国流行开了，说明深受中国人的喜爱。敦煌壁画中保存下来的水月观音，时代最早的在五代第 6 窟、124 窟。从藏经洞出土的绢画中，水月观音也有很多件，其中时代最早、有纪年的是后晋天福八年（943 年）的绢画。

结合画史来看，"周家样"对于佛教绘画的意义就是用中国式的审美精神来创作佛教艺术。这是佛教艺术的进一步中国化。从敦煌壁画的人物造型来看，早期的壁画中，佛像、菩萨像、天人像等与世俗的供养人像有很大的区别，不光是形象不同，连画法也不同。而到了唐代后期，佛、菩萨、天人的形象与世俗人物的区别越来越小。把菩萨、弟子等形象画成与普通中国人没有两样。佛教艺术的这个转变过程中，从阎立德、阎立本兄弟到吴道子、张萱、周昉等画家都曾起过重要的作用。

现在存世的绘画已很难找到唐代的作品，如故宫等博物馆所藏作品，大都是五代、两宋及其后的作品，这就使我们难以了解唐代和唐以前的中国绘画。而从历史文献的记载来看，六朝到隋唐时代曾经是中国绘画极为兴盛的阶段，当时的绘画是怎样的状态，又如何影响到了五代和北宋的绘画，这些问题都是很多人十分关心的问题。幸而有敦煌石窟的存在，较为系统地保存了东晋至元代历朝历代的大量绘画作品，而其中唐代洞窟有 200 多座，保存了大量的壁画，从而使我们得以亲睹大唐盛世的绘画风采。敦煌石窟的唐代壁画精彩绝伦，风格多样，本文难以全面介绍，仅从几个方面以管窥其艺术之精神。

七　帝王图与初唐人物画

古代的绘画艺术在很长时间内并不是像我们现在所说的艺术作品那样由艺术家自由想象而创作的，很多绘画只是艺术家按照一定的要求，为了表现某种特定的内容而画的。正如贡布里希所说，在最初的时代，现实中根本没有艺术这种东西，有的只是艺术家。贡布里希是想说明："其时，艺术等同技术，或者表示精通某道——战争艺术、恋爱艺术，诸如此类。艺术带有技术，不是现在所说的纯粹的技术，现在的技术总是用于特定任务。"[①] 贡布里希的话提示我们，艺术跟技术有着密切的联系，不论是建筑、雕塑还是绘画、工艺，完全脱离技术的艺术，是很难想象的。中国古代的绘画，也同样反映了这样一种历史现象。在隋唐绘画中，我们发现以阎氏父子（阎毗、立德、立本）为代表的画家，他们实际上在当时担任了建筑、服装、工艺等方面的设计与制作的工作。与意大利文艺复兴时期的米开朗基罗等艺术大师一样，他们是建筑、雕塑和绘画乃至服装设计的天才，在那个时代，他们的绘画大部分是属于"实用"的艺术，而不是像五

① 潘中华译：《大图画：卡里尔与贡布里希的对话》，《美术史与观念史》VII. 南京师范大学出版社，2009年6月，第21页。

代及宋元以后的画家们那样表现自己的思想、情趣。这种"实用"的艺术，差不多贯穿了整个唐代的画坛。包括李思训、吴道子等在内的画家，不论是在寺观还是在殿堂，所作的壁画都是为着某种政治的、宗教的目的，但是他们并没有因此而失去了自我，而是在绘画中充分显示着艺术的天才，写下了中国美术史上辉煌的一页。如果按后来文人艺术家的标准来看，包括阎氏父子、李思训、吴道子等画家，都属于"匠人"之列，但在唐代，所谓"画工（或画匠）"与"画家"是没有区别的。这也形成了唐代绘画的独特性，较之五代及以后的时代，唐代画家与普通民众的距离是最近的，那些有名的画家作品都是画在寺院或殿堂，画家的名声也是与普通民众的反响密切相关。一个优秀的画家，他的作品很快会在民间通过"传移摹写"（即今天所谓临摹、复制等形式）而流传，甚至从长安可以很快传到边远地区的敦煌。

初唐的绘画作品传世的并不多，而阎立本的《历代帝王图》可算是其中最引人注目的大作。这件作品经过中外学者长期的研究，较多的学者认为是宋代临摹的。但如果比较考古资料，可以看出这是一件比较真实地反映原作的临摹品，从中是可以看出很多唐代的风格特征的。以下，通过对比敦煌壁画中的帝王图来看唐初人物画的特点。

一、阎氏父子对初唐绘画的影响

阎氏父子（阎毗、阎立德、阎立本）都是在历史上产生过重大影响的人物，《隋书》中专门有阎毗传，而阎立德和阎立本都在新旧唐书中有传，这在中国绘画史上也是很少见的。因为他们都不是单纯的画家，还在建筑设计、器物的设计与制作方面具有很高的造诣，并在政府中担任重要职务。

阎氏家族在北周时代就担任高官，阎毗（563～613年）之父为北周的宁州总管，封上柱国。阎毗擅长书法和绘画，"为当时之妙"，宣帝时拜为仪同三司。隋文帝时，阎毗以"技艺侍东宫"，深得皇帝的喜爱，后来太子被废，他也被放免为民。到了炀帝即位时，又复职，授朝请郎。后来官至朝散大夫，将作少监，是朝廷中负责宫殿建筑、仪仗、服装等方面制作的官员。阎毗善于制造，对于隋朝的辇辂车服制度有很大贡献。他曾参与征辽的战斗，立下军功。[②]

阎毗之子立德（？～656年），完全继承了父亲的才干，武德年间，立德任尚衣奉御，"所造衮冕大裘等六服并腰舆伞扇，咸依典式，时人称之。"[③] 贞观初年，先任将作少匠，后升为将作大匠。太宗征高丽时，碰到泥泽，人马不能通行，立德填道造桥，使兵马很快就能通过。后来他又负责建造翠微宫、玉华宫，都让太宗十分满意，进封为公。从史书记载来看，立德熟悉典章制度，能按规矩为皇帝制作衣服及相关的腰舆伞扇等物，为时人所称道。封建社会里，宫室与服饰制度关乎等级标志等重大问题，立德能够参与宫殿建筑及朝廷的仪仗等的制作，可能与他父亲的影响有关。从而我们也可知道唐代的一些服饰制度可能与隋朝有密切的关系。

立德之弟立本（？～673年），于显庆年间继立德之后任将作大匠和工部尚书，但在此前他已经

② 《隋书》卷六十八《阎毗传》，中华书局，1973年。

③ 《旧唐书》卷八十一，列传第二十七，《阎立德附立本传》，中华书局，1975年。

体现出卓越的绘画才干。太宗曾让他画《秦府十八学士图》及《凌烟阁功臣图》。《新唐书》曾记载了阎立本的两件事,其一是太宗的弟弟虢王元凤很勇敢,曾射死猛兽,太宗就让立本画这件事,据说鞍马、仆从都画得很真实。其二是太宗与侍臣泛舟于春苑时,见水中有奇异的鸟,太宗很高兴,与左右对之吟咏,即命人叫立本来画。阎立本匆匆赶来,对景写生。当时立本已任主爵郎中,但宫中的人还习惯称他为"画师",使阎立本感到羞耻,回家后让他的儿子不再学画。这件事在新旧唐书以及《唐朝名画录》中都有记载,张彦远在《历代名画记》中虽然也转录了此事,但却加了一段评论,认为太宗皇帝对大臣十分敬重,决不至于让侍者直呼"画师"。④但从这两件事上,我们可以看出当时宫中有不少事情需要画师来写生,就像今天的摄影记者一样,把一些重要的事情画下来。那么,作为宫廷画师就必须有临场写生的能力。

由于阎立本官至右相,因而他的绘画更受推崇,唐初的评论家彦悰说:"阎师与郑,奇态不穷,像生变故,天下取则。"⑤把阎立本与郑法士相比,认为他们是天下绘画的楷模。李嗣真评价二阎是自北朝杨子华以后,"象人之妙,号为中兴"。指的就是在人物画方面,二阎开创了一个时代。

按《唐朝名画录》,阎立德、阎立本共同制作了如《职贡》《卤簿》等图,阎立本还奉诏"写太

④《历代名画记》卷九《唐朝上》,人民美术出版社,1964年5月。

⑤《历代名画记》卷九《唐朝上》,人民美术出版社,1964年5月。

宗御容"。⑥ 由于阎立德、阎立本兄弟在宫廷中的地位，他们可以接触帝王和大臣，可以画出符合相关制度的人物形象。而在接触国外使节方面他们也有优势，可以画出职贡图这样的人物。这使他们的作品具有典范的作用，他们绘出"帝王图"、"职贡图"后，粉本就会流传于各地，以至远在敦煌的佛教石窟中也可以看到当时流行的帝王图和外国人物图。"帝王图"和"职贡图"虽不是二阎首创，但由于他们自身的条件，可以表现得极为真实，他们的作品是最可信的。敦煌壁画中，初唐就出现了"帝王图"和外国人物像，应是源自二阎作品的摹本。

二、《历代帝王图》与敦煌壁画中的帝王图

现存传为阎立本的《历代帝王图》(或称《十三帝王图》《古帝王图》)，波士顿美术博物馆藏，绢本设色，长531厘米，高51.3厘米。⑦ 共绘出由西汉至隋代的十三个帝王，包括前汉昭帝刘弗陵、后汉光武帝刘秀、魏文帝曹丕、吴主孙权、蜀主刘备、晋武帝司马炎、陈文帝陈蒨、陈废帝陈伯宗、陈宣帝陈顼、陈后主陈叔宝、北周武帝宇文邕、隋文帝杨坚、隋炀帝杨广。每一个皇帝的形象旁有题名或简短的评语，这些帝王大体有两种形式，一类是着衮冕，立姿的形式，一类则是身着便服，坐姿的形式。虽然有专家对图中所选帝王的倾向性做过探讨，

⑥《唐朝名画录》，四川美术出版社，1985 年 3 月。

⑦ Tales from the Land of Dragons:1000 Years of Chinese Painting.pp127-130. 1997 by Museum of Fine Arts,Boston.

但从现存作品中所绘的帝王来看，我们很难看出画家是以什么标准来选择绘制这些帝王的。如东晋至宋齐梁均未画出，而陈朝除武帝陈霸先外，几代帝王均有表现，北朝仅绘出周武帝等等。如果按现存的内容，很难看出画家对帝王的选择有什么合理的思想倾向。极有可能的是，原作本来是按历史顺序画出各朝的帝王，当然不止这十三个帝王，只是由于作品历代相传过程中发生了损毁，有相当一部分帝王形象已经失去，而后宋人仅将残缺的原画临摹下来，保存了这十三个帝王的形象。唐初，太宗为政，常常以历史为借鉴。描绘历代帝王，应该是适应当时社会形势的。所以，阎立本（或阎立德）描绘《历代帝王图》，目的应该是为当时的政治提供借鉴。

关于《历代帝王图》，画卷上的题跋，最早有宋代的钱明逸、韩琦、富弼等，为此画的流传提供了下限依据。不少学者们认为极有可能是宋代的摹本。但是，临摹品的情况，也有所不同，一种是忠实地按原本摹下，一种是仿原本但细节与原本不尽相同而画出。如果是前者，在原本不存的情况下，往往可以代替原本来认识原作的风格。如唐人临摹王羲之书法大多属于这一种。如果是后者，就与原本有很大的差距，若用以认识原本风格，则往往会谬以千里。《历代帝王图》为宋人摹本的可能性很大，但到底属于怎样的摹本，则需要仔细考察。由于传世只此一本，没有参照。况且现存绢本损坏并修复的情况较多，每有修复当然就会有补绘的部分，修复的时代和补绘者的水平有差异，就会不同程度地影响画面的效果。所以，从现存原件来看，简单地推断为真本或者赝本，意义并不大。从美术史的角度来看，从中找出属于阎立本风格的特征，并由此认识初唐人物画的风格特点，才是最重要的。

笔者在考察《历代帝王图》之后，认为此图虽为后代所摹，但在很大程度上保存了唐初人物画的样式特征。由于现存情况较复杂，非为同一时期或同一人所摹，而且有不断补绘的情况，现存作品中体现出内容上的矛盾和绘画风格不统一的情况。阎立本的原作可能不止这十三个帝王，在流传的过程中可能有损坏。但即使是补绘，也应有所本，画家还是尽可能地维持原作的风格。吴同先生已指出原画有不少断裂又重新接续的情况，如陈文帝与陈宣帝的顺序因接续的错误而颠倒。可以想见至宋代此画重摹时，已有不少帝王的形象损毁。残存的帝王并非画家原来绘出的全部，当然也很难据残存的帝王来推断画家选择这些帝王来绘制的用意。以前曾有专家认为阎立本与后周皇室有亲戚关系，不可能在周武帝的像旁边题"无道"等贬损之词，并进而推论此画原作者非阎立本而应为郎馀令。⑧近年台湾大学陈葆真先生经过对帝王图题记的悉心研究，认为有一些题记（包括前述周武帝像的"无道"字迹）为后人所补。⑨使我们可以理解题记中的矛盾之处，并非是画家的原题，则《历代帝王图》的原作者为阎立本虽仍有怀疑之处，但也难以全面推翻。

在敦煌壁画逐步为学术界了解之后，通过与敦煌壁画的对比，可以使我们正确了解唐代绘画的真实面貌。莫高窟第 220 窟（贞观十六年，642 年）、第 332 窟（圣历元年，698 年）、第 335 窟（圣历二年，699 年）等初唐洞窟的维摩诘经变中，都画出了帝王图与外国王子图。如果与波士顿美术馆藏《历代

⑧ 金维诺：《古帝王图的时代与作者》，《中国美术史论集》，黑龙江美术出版社，2006 年

⑨ 陈葆真：《图画如历史——传阎立本〈十三帝王图〉研究》，《美术史研究集刊》第十六期，台北，2003 年。

帝王图》比较，人物神态及绘画风格都存在相近的特征。帝王均着衮冕，左右有众多的大臣簇拥。尤其值得注意的是帝王服装上的所谓"十二章"纹样。按《周礼》，十二章包括：日、月、星辰、山、龙、华虫、宗彝、藻、火、粉米、黼、黻。自周代以来，十二章纹样用于皇帝和大臣的朝服。至于在朝服上绣哪几种纹样，则是各朝有所不同。即使是天子之服（包括大裘冕、衮冕、毳冕等六种），也根据用途的不同，而对纹饰有所增减。[10] 在冕服的发展中，我们注意到隋代在承袭北周的冕服九章的制度时，增加了日、月、星辰的纹饰。"于左右髆上为日月各一，当后领下而为星辰，又山、龙九物，各重行十二……"[11] 初唐承隋制，衮服绘十二章纹样应无太大的变化，况且制定服饰的阎立德其父本来就在隋朝作官，他参酌隋代形制的可能性很大。

莫高窟第220窟东壁北侧帝王的衮服上可以看到在两肩的位置上各画一个圆圈，一侧圆内有鸟形，另一侧圆内则是画兔子（图1）。可知圆内有鸟为金乌，表示太阳，圆内有玉兔表示月亮，这是自汉代以来绘画中表现日月的基本样式。服装上还可看到有山岳和龙纹，在前襟部分，有很多花纹，为藻纹，另外白色的小点形成小花形的，是为粉米。在袖口位置有类似亚字形，是为黻。这样我们至少可以判断有十二章中的七种纹样，即日、月、山、龙、藻、粉米、黻。除了第220窟外，初唐洞窟中出现

[10] 参见阎步克：《服周之冕——〈周礼〉六冕礼制的兴衰变异》，中华书局，2009年11月，第323-326页。
[11] 《隋书·礼仪志》，中华书局，1973年。

帝王图的还有第 332、334、335 窟，其中帝王服饰上十二章的表现如下：

窟号	位置	日	月	星辰	山	龙	华虫	宗彝	藻	火	粉米	黼	黻
220	东壁	◎	◎		◎	◎			◎				◎
332	北壁	◎	◎		◎	◎			◎				◎
334	龛内	◎	◎										
335	北壁	◎	◎	◎	◎				◎		◎		◎

　　以上诸窟中只有第 334 窟的帝王图较特别，是画在龛内塑像后面的壁上，帝王未戴冕旒，服装为白色，除双肩部位可见日月形象外，其余的纹样未见（或是由于颜色变淡而不可辨）。由于壁画的褪色、变色等因素的影响，其它洞窟的壁画也同样存在难辨认的纹样，如第 335 窟的帝王图有可能包含更多的纹样，但目前无法辨认（图 2）。在《历代帝王图》中，冕服上画十二章纹样较多的是晋武帝，包括了日、月、星辰、山、藻、黼、黻七种，另外如吴主孙权、蜀主刘备、后周武帝的冕服上各有五种纹样，

图1　莫高窟第220窟东壁　帝王图　　图2　莫高窟第335窟北壁　帝王图

汉光武帝和隋文帝的冕服上各有二种纹样。⑫这样看来，帝王图中可能无法看到全部画出十二章纹样的情况，当然，从历史记载看来，有些纹样本来就是绣在服装背后的，显然只表现正面形象的帝王图是不能看到所有的十二章纹样的。

以莫高窟第 220 窟壁画比较阎立本《十三帝王图》(特别是晋武帝形象，图 3)，其中衮冕形制以及衮服上的所谓"十二章"纹样，都可以看出其

⑫ 参见陈文曦：《阎立本的十三帝王图初探——以冕服十二章纹饰为基准》，台湾艺术大学《书画艺术学刊》第四期, 2006 年。

图3 传阎立本《历代帝王图》

一致性。按莫高窟第 220 窟绘制的时间（642 年），阎立德、阎立本兄弟已在朝廷任职，阎立本还未担任右相，但其绘画已深得太宗欣赏，时时令其绘画，武德九年（626 年）已为太宗画《秦府十八学士图》。这样的大作绘出，无疑会极大地提升阎立本在社会上的影响力。当时，"二阎"都有可能画帝王和外国人物图。以他们当时的影响力，这些图画的粉本很快就会流行于民间，甚至在佛教寺院和石窟中都表现出来了。因此，假如《历代帝王图》原本为阎立本所作，就应该作于七世纪前半期，从而影响及于敦煌，而不应该是敦煌反过来影响到内地。

帝王的形象是普通民间画工难以相象的，一定要有从宫廷中传出的粉本，才能知道其衣冠服饰的规矩。《太平广记》载："立德创《职贡图》，异方人物，诡怪之状。立本画国王，粉本在人间。"⑬反映了阎氏兄弟绘画在民间的影响力。阎氏兄弟的绘画中，与《帝王图》相提并论的还有《职贡图》，《职贡图》是画外国人的形象，古代封建帝王把外国使节的来访看作是朝贡，对这类重大外交活动，也常常让画家画出形象。现在传为阎立本的《职贡图》藏于台北故宫博物院，从画风来看，基本上也是后人临摹品，不足参考。此外，故宫博物院也收藏一幅《步辇图》，表现太宗皇帝接见吐蕃使节的形象，是否为阎立本的真迹，尚有较多疑问。但阎立德、阎立本兄弟画过《职贡图》这样以表现外国

⑬ 转引自陈高华编：《隋唐画家史料》，文物出版社，1987 年 10 月，第 40 页。

人为主的绘画，则是毫无疑问的。在敦煌初唐壁画中，在出现帝王图的同时，也出现了外国人物的形象。维摩诘经变中，在维摩诘和文殊菩萨相对论辨的场面中，文殊菩萨的下部画帝王及大臣听法，维摩诘的下部与之相对则画出西域各国王子礼佛的形象（图4）。虽然在敦煌壁画中外国（或西域少数民族）人物形象出现较早，但以群体听法的形式出现，并与帝王图相对画出，则是在初唐的维摩诘经变中出现的。敦煌壁画维摩诘经变的形式来源于中原⑭，包括帝王图和外国王子的形象也同样应是来自中原的表现形式。营建于贞观十六年（642年）的莫高窟第220窟，出现了整壁的西方净土变和东方药师经变，以及规模较大的维摩诘经变，

图4　莫高窟第220窟东壁　外国人物图

在敦煌石窟中具有划时代的意义。特别是出现了与阎立本所绘帝王图十分相似的帝王形象，表明了这个洞窟的营建是由一批从中原新来的画家直接参与完成的。反映了当时的敦煌与中原的密切联系。也反映了当时阎氏兄弟的绘画在寺院、石窟壁画中的广泛影响。

三、从敦煌壁画帝王图看初唐人物画的写实精神

日本美术史专家铃木敬先生把"二阎"的绘画归入唐初守旧一派[15]，对于吴道子、李思训等开创具有改变时代新风格的画家来说，"二阎"的人物画在唐代确是算不上强烈的创新，但是，在继承六朝以来的绘画传统的同时，"二阎"在注重人物体态与精神的表现，以写实手法来状物以及注重典章制度等方面来看，不能说"二阎"就没有创新。

虽然我们不知道唐代是否有像今天画写生的办法，但画家要描绘当时的人物，这是毫无疑义的。"秦府十八学士"、"凌烟阁二十四功臣"都是当时的人物，太宗皇帝为了表彰功臣，要让画家把他们的形象画在殿堂壁画上，没有充分的写实功夫，很难胜任。而在关于阎立本的一些文献记载中，我们也知道，当皇帝接见外国使节等重大活动时，常常会叫画师来画下当时的人物情景，就像今天的新闻摄影一样。可以想见，在没有摄影技术的时代，绘

[14] 参见贺世哲：《敦煌壁画中的维摩诘经变》，《敦煌研究》试刊第二期，1982年。

[15] 铃木敬：《中国绘画史》（上），吉川弘文馆，1981年，第71-74页。

画担负着形象记实的重任。而这种历史记录,对绘画的写实能力要求很高,如果画家不具备这种写生的能力,也就无法进行现场写生了。

从中国人物画的发展来看,唐代是一个重视造形的时代。"气韵生动"是六朝以来中国画家所追求的目标,但在这个时期,气韵是靠造形来表现,所以李嗣真称赞阎立本"象人之妙,号为中兴"。强调的还是"象人",也就是绘画的写实性。"二阎"之后,从初唐到盛唐间,按《历代名画记》记载,尚有王知慎(师于阎立本)、陈义、殷参、殷季友、法明等,都是很善于"写貌",并在宫中画人物而知名的。

对人体结构以及动态的表现,是唐代以后人物画发展的一个重要特征。由于佛教是从印度经西域传到中国,佛教艺术中的佛、菩萨等形象最初是完全按照来自印度和西域的样式来画的,长期以来已形成一定的法度。而世俗人物的表现,在早期壁画中不太受重视,如北凉、北魏时代的供养人形象画得很小,且画在洞窟中不显眼的位置。人物形象也往往有模式化倾向。隋代的部分洞窟可见供养人的形象有了仔细的刻画,唐代则不仅是供养人像,在经变画中也往往画出众多的世俗人物。佛教诸神的形象本来都是印度特征的人物,与中国式的人物很难放在一个画面中。但在唐代的壁画中,佛、菩萨等形象与普通的世俗人物形象却完全可以合谐地画在同一画面中。反映了佛教艺术的完全中国化,中国式人物画的形式与外来的佛教艺术完全协调,完美地组合在同一画面中了。维摩诘经变是最能反映这种新的绘画方法与成就的,标志着中国式佛教绘画的成熟。

维摩诘这个佛教界的重要人物,深受中国人的喜爱,自东晋时代顾恺之就因画维摩诘形象而著称。唐代的敦煌壁画中,维摩诘完全是一个中国文人的形象,第220窟的维摩诘(图5),画家通过身体姿势的表现,面部(特别是眼神)的细腻刻画,反映了一个睿智的长者正在张口辨论的神态，与之相对的文殊菩萨则是在安详的坐姿中，通过手的姿势和面部的表情，也表现着丰富的内心活动。两位主人公的身旁画出包括帝王和各国王子的众多人物形象，雍容华贵的帝王仿佛正向前行进，而前呼后拥的大臣们都有着不同的面部表情（图6）。表现各国王子的一组人物，

图5　莫高窟第220窟东壁　维摩诘像

有的神情专注地倾听，有的则相互窃窃私语。这些形象不同，神情各异的人物（图4），与早期那种西域（印度）式的人物在表现手法上最大的差异就是基本上抛弃了西域式凹凸法表现，而是以线描为主，配合相应的色彩晕染。而对于面部的细微表情与动态，主要以线的轻重变化来表现。有时往往不用色彩，充分展示出中国画线描的优势。画在文殊菩萨和维摩诘身旁的菩萨、天人的形象，也与下部的世俗人物展现着同样的精神风貌，其画法也同样。

人物面部表情，是画家尤其着力刻画之处。通过人物嘴唇、眼睛的细微变化，表现出神态逼真的精神面貌，一颦一笑都富有个性。除了第220窟外，很多初唐洞窟对壁画人物，特别是对菩萨、弟子的表现，同样也与世俗人物无异，体现出画家以形写神的成就。如第57窟南壁说法图中的菩萨和佛弟子像，画家十分注重人物眼神的刻画，或微向下视，或侧目轻睨，眼神的变化又与面部表情、身体动态结合，使人物脱壁欲出（图7）。隋代以来，西域式晕染法渐渐与中原式晕染法相结合，画家对色彩的运用十分熟练，而到初唐，画面上已很难看出晕染之"法"，色彩只是随着线条而渐次过度，画家不再刻意表现色彩凹凸的形式，却能使色彩按人物的肌肤以及不同的服饰表现出应有的效果。初唐第322窟的菩萨像也可看出对人物形象，特别是细微神情的把握（图8）。总的来说，线描成为画

图6 莫高窟第220窟东壁 帝王身后的大臣们

图7　莫高窟第57窟南壁　菩萨与弟子　初唐　　　　图8　莫高窟第322窟南壁　菩萨　初唐

面中的主导。但这一切仍然是建立在对人物形态整体掌握的基础上。

　　敦煌壁画中帝王图的出现，意味着初唐"二阎"的绘画影响到了敦煌，而"二阎"的绘画并不止于帝王图，实际上是代表了初唐人物画风。从这个意义上讲，敦煌初唐壁画中人物画的成就反映了这个时代在中原画家影响下的绘画精神，包括对人体结构的总体把握和表现的多样性，对人物精神面貌表现的重视，通过对面部神态的细微表现来刻画人物性格特征，以及对色彩的成熟运用等等。

四、小结

　　以上通过敦煌壁画的帝王图与传为阎立本的《历代帝王图》进行比较研究，试图揭示初唐时代以"二阎"为代表的人物画风貌及其对敦煌壁画的影响。"二阎"的真迹今天已经不存，但通过后人临摹的《历代帝王图》，仍然反映了"二阎"画风的很多方面。而初唐敦煌壁画中的帝王图，也可以为阎立本《历代帝王图》提供旁证，说明在初唐时期，由于阎氏兄弟创作了帝王图而影响及于全国。敦煌壁画的维摩诘经变中，帝王图出现的同时也出现了各国王子图，这种情况决非偶然。若不是"二阎"有《帝王图》与《职贡图》流传于世，如何会在经变画中大量出现中国帝王与外国人物的形象。由于阎氏兄弟的特殊身份，他们得以亲眼目睹朝廷中帝王、大臣的形象，而且在皇帝接见外国使节时，有机会当面对人物进行写生。因而他们当时画的《帝王图》与《职贡图》一定被绘画界视为权威，他们的粉本必然流传于民间，并影响及于敦煌。而敦煌石窟在贞观年间出现了阎氏风格的帝王图与外国人物画，表明了敦煌在初唐时期与中原绘画的密切关系，在这个时代，敦煌一地的绘画决不是一种地方风格，而是与中原完全一致的当时流行的风格。

附记：

在修订多年前发表的本文时，读到荣新江先生新发表的论文《贞观年间的丝路往来与敦煌翟家窟画样的来历》（《敦煌研究》2018 年第 1 期），文章阐述了翟家窟（即第 220 窟）的画样是从中原传来的最新画样，并推测了当时从中原以最快的速度传来的三种可能性：其一，为在贞观十四年前后任沙州刺史的刘德敏从中原带来新的画师或画样；其二，营建第 220 窟的窟主翟氏家族中翟通乡试后到京都长安通过了明经考试，被授予"沙州博士"官衔，他从长安回来可能会带来最新的画样；其三，玄奘法师从印度取经返回时，太宗提前派人到敦煌一带迎接，这批人从长安来有可能带来新画样。荣新江先生从历史发展的线索推断与第 220 窟营建相关的历史，也佐证了本文所说帝王图及外国人物图源自阎立本样式的推论。

八 罗寄梅拍摄敦煌石窟照片的意义

　　1943 年，罗寄梅夫妇到敦煌从事摄影工作，拍摄了 2000 多张石窟照片。这些照片现藏于普林斯顿大学唐氏研究中心。1971 年，东京大学从罗氏夫妇处购得敦煌照片近 2600 幅，使日本的敦煌研究者开始利用这些照片。本世纪初，罗夫人与梅隆基金会达成协议，把这部分照片在因特网上公布。这批敦煌石窟的照片逐步受到学术界的注意，并广泛应用于学术研究中。秋山光和曾发表文章，指出这批照片的学术价值。他认为罗氏照片的特色在于对各壁的细部进行细致的拍摄，全部图片，主要是对伯希和照片有很大的补充。对样式和技法的研究极有用。而且有些塑像及题记的细部也拍摄下来了。[①] 在中国改革开放之前，国外学者不能到敦煌实地考察的年代，这批照片确实起过重要的参考作用。

　　2010 年，受普林斯顿大学唐氏研究中心的邀请，笔者有幸参加整理罗寄梅所拍摄敦煌石窟照片（以下简称"罗氏照片"），得以全面了解这批照片的情况。经笔者整理的照片共有 3221 幅，涉及敦

① 秋山光和：《敦煌壁画研究新资料》，《佛教美术》（东京）第 100 号，1975 年 2 月。

煌石窟 327 窟,榆林窟 21 窟。并有相当多的石窟外景及周边环境照片。以下从几个方面来谈谈这些照片的价值和特点。

一、关于罗氏照片的具体内容

关于罗寄梅夫妇到敦煌拍摄的时间,或云1942 年,如罗寄梅《安西榆林窟的壁画》一文中编者说明为 1942 年春天。[②] 按罗寄梅为当时的教育部派遣为筹备成立的敦煌艺术研究所拍摄敦煌石窟,而常书鸿则是筹备委员会的直接负责人,常书鸿最初到敦煌的时间是 1943 年 3 月 24 日 [③],罗寄梅去敦煌的时间应与常书鸿到达敦煌的时间相差不远。又据新近出版的《向达先生敦煌遗墨》中刊布的向达于 1943 年 5 月 15 日致曾昭燏的信中云:"在安西遇到中央社摄影部主任罗寄梅(长沙人)夫妇及摄影记者顾廷鹏二君,受敦煌艺术研究所之托,拟遍摄千佛洞各窟壁画,携带材料甚多,计划工作半年,今日亦抵万佛峡。大约于六月三日班车赴敦煌。如能为千佛洞、万佛峡留一详细记录,诚盛事矣。"[④] 这里很明确,向达于 5 月 15 日到榆林窟时,罗寄梅夫妇也于当天到达榆林窟。据笔者在美国调查时,罗夫人告知他们快到达敦煌时,因张大千先生正在榆林窟临摹,他们便先由安西县进入榆林窟,在榆林窟拍摄了一段时间,才去莫高窟的。这与向

② 罗寄梅:《安西榆林窟的壁画》,台北:《中国东亚学术研究计划委员会年报(台湾)》,1964 年 6 月

③ 敦煌研究院编:《常书鸿文集》,甘肃民族出版社,2004 年。

④ 荣新江编:《向达先生敦煌遗墨》,中华书局,2010 年,第 410 页。

达先生书信所记时间相吻合。说明罗寄梅夫妇先于
1943 年 5 月到榆林窟，其后才到敦煌莫高窟。

　　至于罗寄梅拍摄敦煌石窟的目的，此前的文献
往往不谈，罗氏自己的文章中也常常闪烁其辞。敦
煌艺术研究所的创办者常书鸿在他后来的回忆录
《九十春秋》里记录曾聘罗寄梅进行摄影，但罗氏
并未将所拍摄照片留在敦煌艺术研究所，所以斥责
罗寄梅为"骗子"。⑤ 也许由于常书鸿的自传中表
现主观情绪的成分太多，会给人以疑惑。对于罗氏
到敦煌拍摄照片的目的似乎也无定论。但最近的研
究表明，在敦煌艺术研究所建所之初，的确是聘请
罗寄梅为研究员，负责摄影。在敦煌艺术研究所向
当时的教育部申报领薪的表格名单中，就明确有罗
寄梅名字。并且在敦煌艺术研究所向教育部申报的
一些工作报告中，均列入了诸如研究所拍摄档案照
片若干，以表明工作进度等。⑥ 我们即可断定罗寄
梅是作为敦煌艺术研究所聘请的研究员来负责摄影
的。至于最终罗氏并没有把所拍摄照片留下一张给
敦煌艺术研究所，其间的原因则不得而知。

　　由于没有完备的档案，关于罗氏敦煌石窟照
片总数，至今也没有正式的记录。经笔者在普林斯
顿大学的调查，所见照片共计 3221 张。笔者在普
林斯顿大学作成了《普林斯顿大学藏敦煌石窟图片
总录》一册，对每一幅图片的内容作了记录，并核
实了洞窟号与图片在窟中的位置，也许可以作为一

⑤ 常书鸿 :《九十春秋》，
浙江大学出版社，1994
年。

⑥ 见车守同 :《国立敦煌
艺术研究所的时代背景
与史事日记》，华东师
范大学博士论文，2013
年。

份档案。由于这些照片长期以来供大学相关专业的师生参考，在不断地翻阅的过程中或者放置于别处，或有遗失，显然此次调查所见的数目也并非全部，但这一数目也应占绝大部分。另外，由于当时用的底片较大，特别是部分拍摄壁画全景的照片，往往因教学或研究的需要，在同一底片中取其局部又分别扩印数张照片，这样的情况较多。说明当时在敦煌拍摄的胶片数量不可能有这么多。因此，笼统地估算罗寄梅氏拍摄胶片有 2000 多张，应大致符合事实。

罗氏照片涉及敦煌莫高窟 327 个洞窟（共 2872 张）、莫高窟外景（146张）、榆林窟 21 个洞窟的内容（187 张）和榆林窟的洞窟外景（16 张）。此外，还有一些照片反映当时莫高窟的生活状况，以及莫高窟周边的文物。也有部分照片反映了当时敦煌城内人物风情及月牙泉风光。有关莫高窟、榆林窟壁画彩塑等内容是罗氏照片中最主要的内容，按窟号统计如下：

（一）罗氏照片中莫高窟内容统计表

时代	洞窟数	窟　号	照片总数
北凉	3	268、272、275	20
北魏	9	251、254、257、259、260、263、431、435、437	162
西魏	6	248、249、285、288、355、432	201
北周	13	290、291、294、296、297、299、301、428、438、439、440、442、461	170
隋代	58	56、59、62、206、243、244、266、281、282、283、292、295、302、303、304、305、309、310、311、312、313、314、315、379、380、383、388、389、390、392、393、394、395、396、397、398、401、402、403、404、405、406、407、408、412、413、414、416、417、418、419、420、421、422、423、425、427、433	393
初唐	36	57、60、68、70、71、77、78、96、202、203、204、207、209、211、212、220、242、321、322、328、329、331、332、333、334、335、338、339、340、341、371、372、373、375、381、386	353

时代	洞窟数	窟 号	照片总数
盛唐	74	23、26、27、31、32、33、34、39、41、44、45、46、65、66、74、75、79、81、83、87、91、103、113、115、116、118、119、120、121、122、123、124、125、126、130、148、162、164、165、166、171、172、175、176、179、180、182、185、194、199、205、208、214、215、217、218、223、225、264、319、320、323、344、345、347、353、374、384、387、444、445、446、458、460	712
中唐	33	7、69、92、93、112、117、134、144、151、158、159、186、188、197、200、201、231、235、236、237、238、240、358、359、360、361、363、365、366、368、369、370、449	248
晚唐	39	8、9、10、12、13、14、15、16、17、18、19、20、29、30、82、85、94、107、128、132、136、138、140、141、142、143、145、147、156、161、163、167、169、192、195、196、229、232、459	221
五代	14	5、6、22、61、84、98、99、100、108、146、261、265、346、351	214
北宋	13	25、35、55、76、170、174、230、233、256、289、443、454、456	54
回鹘	2	97、409	16
西夏	16	38、246、306、307、326、327、352、353、354、356、367、376、382、400、415、450	39
元代	5	3、95、463、464、465	58
清代	8	1、2、4、11、131、150、152、228	11

（二）罗氏照片中榆林窟内容统计表

时代	洞窟数	窟 号	照片总数
初唐	2	6、28	14
中唐	3	15、22、25	45
五代	7	12、16、19、33、34、35、36	54
北宋	3	13、17、21	7
回鹘	1	39	8
西夏	4	2、3、10、29	42
元	1	4	13

上表中的内容基本上是以时代为序来统计的，时代确定的依据，以敦煌研究院编《敦煌莫高窟内容总录》及其后修订的《敦煌石窟内容总录》[7]为准，并参照《敦煌学大辞典》[8]及最近研究成果。凡一窟之内有几个时代的内容同时存在的情况，按时代最早者编入。但现存图片中若没有早期的项目，则以现存图片中出现时代最早者编入（例如清代的洞窟基本上是改造前代洞窟的，但如果图片仅有清代内容，就不再归入前代）。表中的洞窟号一律按敦煌研究院编号。但罗氏照片最早采用的窟号是张大千编号，虽然对于莫高窟诸窟编号至今已发表过多种对照表，但各种对照表都分别存在一定的错误；而某些具体洞窟又往往是两者编号存在不能对应之处。我们尽量采用最新的研究成果，核实其洞窟号。在张氏编号与敦煌研究院编号对照中有问题的，参考敦煌研究院专家最新发表的成果《重订莫高窟各家窟号对照表说明》[9]。在这项工作完成时，我们也更正了一些罗氏照片原有记录中的窟号以及壁画位置的错误。

二、莫高窟外观的历史记录

莫高窟经历一千多年的营建，外观在不断地发生变化。从1907年斯坦因到敦煌，在莫高窟拍有少量照片后，次年法国人伯希和对莫高窟进行了较

[7] 敦煌文物研究所编：《敦煌莫高窟内容总录》，文物出版社，1982年11月。后来经修订，增加了榆林窟与西千佛洞的内容，并增加了伯希和、张大千两家编号，改为《敦煌石窟内容总录》由文物出版社1996年12月出版。

[8] 季羡林主编：《敦煌学大辞典》，上海辞书出版社，1998年12月。

[9] 蔡伟堂：《重订莫高窟各家窟号对照表说明》，《敦煌研究》，2006年第6期。

多的拍摄，并在后来出版了《伯希和敦煌图录》，这是较早记录莫高窟外观及部分洞窟壁画及彩塑的著作。其后，俄国奥登堡、美国华尔纳也都不同程度地拍摄敦煌石窟照片。从中可以看出那个时代的莫高窟外貌特征。但总的来说，那个时代拍摄的照片还是十分有限。况且，限于摄影器材的技术状况以及敦煌实地的艰苦条件，很难得到数量较多而又细部清晰的照片。

罗寄梅到敦煌拍摄照片的时代，正是敦煌艺术研究所筹备成立之时，当时的政府开始重视对敦煌石窟的保护和研究，但由于敦煌石窟长期以来处于无人管理的状态，拍摄照片的条件是十分艰苦的，但在一年多的时间内，罗寄梅氏无疑是第一次试图全面反映敦煌石窟的有系统有计划的拍摄。这些照片的内容几乎包括了在当时所能进入的所有洞窟。既有洞窟的全景或者主要内容，也有很多局部画面或者彩塑的特写。这样细致而完备的图片，是此前各家所拍摄的敦煌照片所不能比拟的。

1944年敦煌艺术研究所成立后，常书鸿率全所的研究人员一方面对石窟作临摹和调查研究，一方面不断地修缮洞窟的窟门、栈道、窟檐等。到20世纪60年代，中国政府拨款对莫高窟进行了全面的加固，主要目的是征对大部分岩面的危崖进行抢救性的修复，阻止洞窟崖面的垮塌，同时，使每一个洞窟都能有栈道相通。这次巨大的工程从根本上保证了莫高窟的安全，也保障了在洞窟上下行人的安全。但是，限于当时的财力、物力，只能对洞窟进行抢救，而无法再考虑莫高窟作为文化遗产的外观效果。经过这个工程之后，洞窟的外貌发生了根本性改变，虽然过去那种残破纷乱的状态得到了改变，每个洞窟都有了门，但从考古学等方面来看，洞窟的原貌已经没有，洞窟之间的关系也不容易看出来了。半个世纪过去了，那个时代曾在莫高窟工作过的人也相继不在了，现在新一代的人对过去莫高窟的状况知道的很少了。从这个意义上来讲，罗氏照片保存了 20 世纪 40 年代初期莫高窟的外貌，对于了解洞窟加固工程以前的莫高窟状况，无疑具有历史价值。

莫高窟到了 20 世纪，大部分栈道都已毁坏，上层的很多洞窟都无法进入。王道士采取了在洞窟内两侧打洞，使并列的洞窟都可以相通，从一个洞窟可以进入另一个洞窟。这样的代价是，无数洞窟中完好的壁画被破坏了，图 1（以下所引图片，未加特别说明者，均为罗寄梅拍摄的照片）是莫高窟第 266 窟到 268 窟间的通道，把第 266 窟的北墙打通后，可见第 267 窟，这是第 268 窟这组禅窟中南侧西端的一个禅室。与第 267 窟相对的北侧禅室为第 271 窟，此窟的北壁也被打通，因此，透过打通的墙，一直可以看到第 272 窟的北壁。从罗氏拍摄的部分莫高窟外景照片来看，上层的洞窟如果没有内部的通道，确是难以上去的，除非有极高的梯子。有些位置较高而又与旁边洞窟相隔较远的洞窟，也无法打通一个通道。据上个世纪 40 年代就到敦煌工作的孙儒僩先生回忆，1944 年常书鸿先生为了调查第 196 窟（图 2），借助梯子爬上去之后，梯子却倒了，无法下来，工人窦占彪只好爬到山上，用绳子将他拉上去，然后从旁边下山来。[10] 此外，如第 431 窟、第 435 窟、第 444 窟等窟前

图1　莫高窟第268窟与266窟之间的通道

图2　莫高窟第196窟外观

原有木构窟檐建筑，但这些窟檐外的栈道已毁，窟门正处在悬崖边上，十分危险（图3、图4）。从这些照片，可以想象当时在洞窟上工作之艰险。

因此，如果没有 20 世纪 60 年代以后进行莫高窟整体加固工程，这些洞窟的窟檐建筑以及内部的壁画就有塌毁的可能。新修建的保护设施，不仅加固了洞窟使之不再倒塌，而且修了全新的栈道，每一个洞窟都可以通行了。

从罗氏照片中，我们注意到有些洞窟前面曾经有过小型佛塔，在一幅洞窟外景图中，我们看到洞窟外有一座小型佛塔形式的建筑，参照榆林窟前现存的遗迹来看，应该是塔形的化纸炉（图5）。对照王子云等人于1943年绘制的《莫高窟千佛洞全景图卷》⑪，并在莫高窟实地考察，推测可能在今

⑩ 孙儒僩:《敦煌石窟保护与建筑》，甘肃人民出版社，2007 年。

⑪《抗战中的文化责任：西北艺术文物考察团六十周年纪念图集·图版卷壹》，岭南美术社，2005 年 9 月。

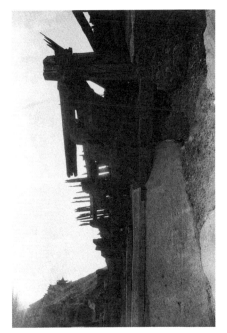

图3 莫高窟第431窟窟檐

图4 莫高窟第444窟窟檐

图5 莫高窟外景（前面有小塔）

编号第 345、346 窟附近的位置。由此，我们知道莫高窟部分洞窟前曾经有过这类佛塔形建筑。从王子云等人绘制的《莫高窟千佛洞全景图卷》中，我们还可以看出在莫高窟南部的洞窟如第 148 窟、150 窟的窟前都曾经有过这样的小型建筑，但现在都不存。

在莫高窟的入口处有一小型牌坊，今天仍保存，但以前牌坊额书写的"古汉桥"三个字已被改为"莫高窟"三字了。从罗氏照片中可以看出进入排坊之后就有一个长长的阶梯，一直通向位于第二层的洞窟第 428 窟的窟前（图 6）。这个斜向的阶梯过去称为"古汉桥"，但今天也已不存。

在莫高窟东面大泉河畔，曾有王道士建造的千相塔。罗氏照片也反映了千相塔的一些情况（1300X），照片中的千相塔顶部已毁，下部似乎为八边型，用土砖砌成（图 7），比周围的塔要大得多。按《敦煌千佛洞千相塔记》所载，千相塔建于宣统二年（1910 年），目的是为了收集莫

图6　莫高窟前的小牌坊及古汉桥

高窟一些散落的佛像聚在一处保存。因此取名为"千相"。从罗氏照片，我们看到当时已有一些人上至残塔顶部，还有人从佛塔中取出物品（佛头像？）。按相关的研究，1943～1944年间，中央研究院西北考察组的向达、夏鼐曾与常书鸿所长商量，建议与敦煌艺术研究所共同发掘千相塔，但最终并未达成协议。千相塔于1951年完全拆除，其中出土的塑像至今仍保存在敦煌研究院。[12] 笔者以前曾以为罗寄梅图片反映的是拆毁千相塔的情况，看来是错误的，照片反映的是当时调查千相塔的情况。从照片中可以看到的是千相塔顶部已毁，人们从顶部进入塔内察看，并取出一些文物。

[12] 于慧慧等：《〈敦煌千佛洞千相塔记〉、〈敦煌千佛山皇庆寺缘薄〉录文及相关问题》，《敦煌研究》2014年5期。

图7　大泉河畔的千相塔

三、部分洞窟内部的历史记录

　　罗寄梅先生对很多重要的洞窟都有较全面的拍摄，其中有些洞窟的窟内状况已发生了较大的变化，今天的人很难了解当时的详情，而通过罗氏照片正好可以看出当时的原貌。这样的情况可以在很多洞窟看出。仅举例如下：

　　（1）莫高窟第 220 窟

　　第 220 窟是莫高窟初唐时期的重要洞窟，20世纪 40 年代，此窟四壁的表层壁画被剥离，露出了底层唐代壁画，特别是在东壁和北壁有唐贞观十六年（642 年）的文字题记，成为唐代洞窟的重要依据。而且，由于底层壁画长期被表层壁画覆盖，其色彩保存十分新鲜，是我们今天认识初唐壁画最珍贵的资料。但是，表层的壁画剥离后，并没有保存下来。今天，除了在本窟北壁上部有小块表层壁画保留外，窟内全部的表层壁画都已无存。而罗氏照片给我们展示了此窟表层壁画剥离前的状况，以及剥离后的唐代壁画（图 8、图 9）。实际上再现了那段历史。常书鸿先生的回忆，第 220 窟的壁画是由常书鸿主持把表层宋代壁画剥离的。[13] 而从罗氏照片来看，实际上记录了从剥离前到剥离后的过程，说明剥离壁画时罗寄梅正好在场。并作了跟踪拍摄。

　　出版于 1982 年的《敦煌莫高窟内容总录》记录的第 220 窟[14]，只有剥开了表层壁画之后的内容，

[13] 常书鸿：《敦煌艺术——在日本所作第六回石坂纪念讲演》，《九十春秋——敦煌五十年》，浙江大学出版社，1994年 4 月，第 317 页。

[14] 敦煌文物研究所编：《敦煌莫高窟内容总录》，文物出版社，1982 年，第 76-77 页。

图8　莫高窟第220窟北壁　表层壁画

图9　莫高窟第220窟南壁　表层壁画

而此前的南北壁及东壁的内容，则不知道了。通过罗氏照片，我们对第
220窟南北壁表层壁画可以作一些考察。表层壁画颜色都比较清淡，北
壁主要有三组说法图，呈"品"字形排列。在右上部，表现有耕作的场面，

其下有一围墙中有坟茔。这是唐代以后弥勒经变中常见的画面，以农民的耕作与收获场面，表现佛经中所说"一种七收"的内容，以老人入墓的场面，表现人寿八万四千岁，死时无痛苦的内容。那么，全壁中三组说法图，表现的就是"弥勒三会"的内容。在中部靠下的位置，因为已残破看不清楚，大体可见中央有竖起的杆子，表现如幢的样子。这是弥勒经变中表现婆罗门拆毁宝幢的场面。通常也是画在经变画中央下部。画面的左上部，隐约可见有一城池，有一片云托着一人飞向城中一楼阁。这是弥勒经变中表现弥勒往翅头末城看望其父母的情景。综合这些内容，我们可以推知第220窟北壁表层壁画内容是弥勒经变。

南壁表层壁画，伯希和也曾拍摄了较完整的壁画（图10），而罗氏照片中下部已有部分残毁，从伯希和的照片上看，上部有3列立佛形象（其

图10　伯希和拍摄　莫高窟第220窟南壁

中可能有个别的坐姿的像）。下部则有不同的内容，下部西侧有一个圆形物，其中有一手掌在圆形中央。这一画面是敦煌壁画中较常见的"一手遮天"的故事。在这个故事的旁边，可见一座楼阁式塔。这部分罗氏照片中比较清楚。俄罗斯奥登堡探险队还绘有这一画面⑮，可见佛塔为七层，塔下面表现的是一座寺院的样子（图11）。这样的画面，在莫高窟

⑮ 俄罗斯国立艾尔米塔什博物馆、上海古籍出版社编：《俄藏敦煌艺术品（五）》，上海古籍出版社，2002年12月，第174页。

图11　奥登堡探险队临摹第220窟壁画

宋代第 454 窟甬道顶、榆林窟第 33 窟南壁的佛教史迹画中都可以看到。佛塔为摩羯陀国菩提寺大塔[16]，可判断第 220 窟北壁表层内容为佛教史迹画[17]。上部的三列佛像，则分别为瑞像。

罗氏照片中第 220 窟东壁表层的壁画已经残破，仅存的上部壁画，可看到一些千佛的画面。

（2）莫高窟第 285 窟

第 285 窟有大统四年（538 年）和五年（539 年）的题记，是早期洞窟中唯一有明确纪年的洞窟。伯希和调查敦煌石窟时，对此窟的记录十分详细，说明他注意到此窟的重要性。但此窟内部有很多变化。在《伯希和敦煌石窟笔记》中记录此窟的中心建有一座带凹形角的和已截顶的窣堵波。[18] 在罗寄梅去敦煌拍摄之前的 1941 年，石璋如先生曾到敦煌进行过洞窟测绘[19]，从他的测绘图来看，第 285 窟中央仍有一座较高的塔。底座平面为方形，上部平面为圆形。按石璋如的记录，各边长 2.8 米，高 1.5 米（图 12）。但在罗氏照片中，虽然也可看到一个方形的台，但已很低了（图 13），以致可以不受中央佛塔的遮挡而拍摄出西壁正面龛的全部。但在伯希和的照片中无法看到西壁全部，因为窟中央有塔挡住（图 14）。在伯希和拍摄窟顶西披的一张照片中，仍可看到佛塔上部的情况。从伯希和照片中可知这座佛塔上部为圆形，呈阶梯状向上收缩。而在石璋如的测绘图中，上部形状已不明显了。到

[16] 敦煌研究院所编《中国石窟·安西榆林窟》（第 236 页）（文物出版社，1997 年 5 月）对榆林窟第 33 窟南壁中的佛塔解释为"摩羯陀国佛陀伐那山杖林中大塔"，最近，敦煌研究院学者张小刚的博士论文《敦煌佛教感通画研究》（武汉大学 2011 年博士论文，第 22-23 页）考证为"摩羯陀国菩提寺大塔"。今采用张说。

[17] 佛教史迹画，有的学者称为"佛教感通画"，或称为"佛教感应画"、"佛教圣迹画"。本文并非专门研究此项内容，所以依据《敦煌莫高窟内容总录》，采用学术界较普遍的说法，仍称"佛教史迹画"。

[18] 伯希和著，耿昇译：《伯希和敦煌石窟笔记》（第 232 页），甘肃人民出版社，2007 年 12 月。

[19] 石璋如：《莫高窟形》，台湾："中央"研究院历史语言研究所，1996 年 4 月。

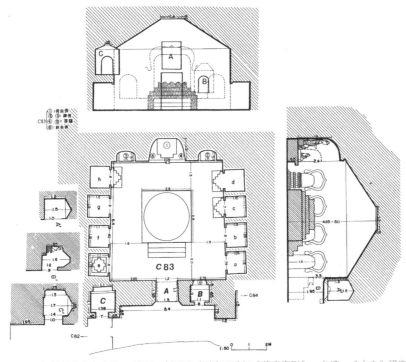

图12　石璋如绘制的莫高窟第285窟平、剖面图（引自石璋如《莫高窟形》，台湾："中央"研究院
　　　历史语言研究所，1996年4月）

图13　罗寄梅拍摄的莫高窟第285窟内景

图14　伯希和拍摄的莫高窟第285窟内景

了罗氏拍摄的照片，第 285 窟中央仅剩下较低的方形平台，与现在的情况差不多。由此，我们推测在伯希和 1908 年在敦煌考察时，第 285 窟中央的佛坛虽有残破，仍然很高，且保持其形状，与莫高窟第 465 窟、榆林窟第 29 窟中央的佛坛类似。从石璋如先生测绘图的比例来看，到 1941 年石先生考察时，佛坛仅有 1.5 米左右高了，而且上部的阶梯状已经不明显。而到 1943 年罗寄梅拍摄的照片中，佛坛上部几乎削平了，仅剩下方形的低坛。

（3）莫高窟第 355 窟

本窟是一个小窟，在 1982 年出版的《中国石窟·敦煌莫高窟》第一卷中有图 [20]，图中只有一彩塑的坐佛，后面是壁画，没有别的塑像（图 15）。但在罗氏照片中，我们看到在佛像的左侧（北壁）有一小型胁侍菩萨立像，佛像右侧也有一个小型菩萨的残体，从风格和大小的体形来看，似乎不像是

[20] 敦煌文物研究所编：《中国石窟·敦煌莫高窟》（图版第 88 号），文物出版社，1982 年 12 月。

图15 莫高窟第355窟现状（引自《中国石窟·敦煌莫高窟》第一卷）

此窟之物（图16）。而《敦煌莫高窟内容总录》对第355窟的记录为（该书第129页）：

西壁盝顶帐形龛内西魏禅定佛塑像一身（由别处移来此处）。

其中未记录两侧的菩萨像。不知道是如何判断此佛像是由别处移来。大概是因为佛像风格与后面的壁画差距较大吧。可是，在敦煌，早期洞窟被后代重绘的情况很多。此窟壁画属于宋代，包括彩塑佛像的颜色也有可能在宋朝被重绘。当然在重绘壁画时，必会形成与原作塑像的不协调，而产生了塑像与壁画不一致的感觉。从罗氏照片中可以看

图16 罗氏照片 莫高窟第355窟

出北壁的胁侍菩萨像与墙壁的关系是协调的，在西魏时期建造了这样一个小龛，里面仅有一佛二菩萨。虽然在莫高窟很少见，但在麦积山石窟，独立的小型佛龛却是十分普遍。由于敦煌的石窟经过千百年不断的营建或改建，可能大部分小型的窟龛逐步被改造或毁坏了。尽管如此，还是有少量存下。如在第285窟前室就有两个小窟，分别为第286窟和第287窟。在第61窟甬道上部，有隋代开凿的第62窟。在五代开凿第61窟时，已经打破了第62窟。类似这样的小窟，可能有不少已经在后代营建大窟时毁坏了。

（4）莫高窟第125窟

第125窟为盛唐洞窟，按《敦煌莫高窟内容总录》（第40页），主室龛内仅有清塑佛像一身，而且是从别处移来。而在罗氏照片中，此窟龛内的塑像有三身：一坐佛，二供养菩萨像。中央的坐佛是清修的风格，与这个盛唐洞窟确实不协调，大约因此被认为是从别处移来的（图17）。

图17　莫高窟第125窟　内景

二身供养菩萨也与佛像不协调。因为唐朝的佛龛内，靠近佛像两侧的一般是佛弟子，然后是胁侍菩萨立像，最靠外侧才是作胡跪姿势的供养菩萨像。从照片上看，两侧的菩萨像也像是从别处搬来的。

罗寄梅还对一身供养菩萨拍摄了几幅特写照片（图18），是用布作背景专门拍摄的。分别拍摄了菩萨的正面、侧面、背面等。这样的拍摄处理，显然不可能在佛龛内进行，一定是把菩萨像搬下来在某个环境中拍摄的。也说明这身菩萨是可以搬动的。

现在洞窟内的两身供养菩萨已经没有了。但在敦煌研究院文物库房中收藏有一身供养菩萨像（图19），与罗寄梅单独拍摄的那身菩萨像十分相似，我曾以为敦煌研究院所藏的菩萨即罗氏照片中的菩萨，其中有一些差别，如右臂有修复，项饰也多一些装饰物。因为敦煌研究院所藏塑像曾经有过修复，残损部分有修复也是可以理解的。但最近蒙本院王惠民研究员告知，中国国家博物馆也藏有一件供养菩萨像（图20），与罗寄梅照片更为一致[21]。通过仔细对比，可以辩认出中国国家博物馆藏这一件才是罗寄梅单独拍摄的供养菩萨。其样式与敦煌研究院藏的菩萨像极为相似，如面部形象有可能用同一模具制成[22]。而国家博物馆所藏的菩萨像其右臂以及项饰残缺部分，与罗氏照片完全一致。那么，敦煌研究院藏的供养菩萨就是罗氏拍摄龛内照片中的另一身供养菩萨。这样罗氏照片拍摄第125窟龛内

[21] 见《丝绸之路展图录》美国，2003年，第55图。
[22] 西北地区以泥塑制作小型佛像、菩萨像，常常用模具制作头部或部分肢体，然后组合而成。在新疆一带也曾发现有制作佛、菩萨像的模具。敦煌的小型佛像、菩萨像也同样存在用模具制作的情况。

图18　供养菩萨　　　　　图19　敦煌研究院修复了的供养　　　图20　中国国家博物馆藏供养
　　　　　　　　　　　　　　　　菩萨　　　　　　　　　　　　　　　菩萨

的两身供养菩萨下落都已明确，通过罗氏照片我们了解敦煌研究院库房
中的这一身菩萨是来自第 125 窟的。尽管是否为第 125 窟原作尚不清楚。

（5）莫高窟第 130 窟

第 130 窟因为有唐代高达 26 米的巨型佛像而著名，称为南大像。又
因为张大千在 1941 年把此窟甬道表层壁画剥除，而露出了盛唐时期的供
养人画像。从完整的文字题记中可知，是瓜州晋昌郡都督乐庭瓌一家的
供养人像。甬道北壁为乐庭瓌等男供养人。甬道南侧为都督夫人等女供
养人。这幅巨大的供养人像绘制水平也很高，但由于壁画位于甬道两侧，
甬道很高，每天的阳光可以照射到壁画上，所以，尽管刚刚剥离表层壁
画时颜色很鲜艳，人物形象都很清晰，经过几十年的日照，现在这些壁
画都已经颜色变淡，非常模糊了（图 21）。而罗氏照片中可以看出人物
形象十分清晰，细部还可以看出线描的力度（图 22、图 23）。

第 130 窟窟前有殿堂遗址，在 20 世纪 60 年代配合当时的石窟加固
工程而进行了发掘，从而恢复到唐代的地面。现在从甬道的地面到都督
夫人供养像壁画的距离有 1 米多高，而在罗寄梅拍摄的时代，甬道的地
面很高，已接近供养人壁画部分。从甬道北壁的照片上可看出当时的台

图21 莫高窟第130窟甬道南壁现状

图22 罗寄梅拍摄的莫高窟第130窟甬道南壁 供养人

图23 第130窟甬道南壁 供养人（局部）

图24 莫高窟第130窟甬道北壁 供养人

阶（图24）。

（6）榆林窟第25窟

榆林窟第25窟是榆林窟唐代的代表窟，由于洞窟较深，阳光不能照进去，使唐代的壁画一直保持鲜艳的颜色。一直受到学者们的重视。但此窟主室的正壁现在有近一半毁坏了。而罗氏照片则提供了较完整的内容。

正壁的内容为八大菩萨曼荼罗，这一内容近年来有不少人作过研究，而且研究者也往往参考了罗氏照片。[23] 在《中国石窟·安西榆林窟》一书中，第25窟正壁的照片有一幅，只看到一半的内容，除了画面中央的卢舍那佛外，只有四身菩萨。还有在八大菩萨曼荼罗画面北侧的药师佛立像。

因另一侧的壁画已残，因此，全窟的内景照片，便有意选取侧面，以佛坛上的佛像遮挡住后壁残缺的壁画（图25）。罗氏照片中榆林窟第25窟的照片不多，其中一幅为中央的卢舍那佛像。背后可见后壁的八大菩萨曼荼罗（图26）。特别珍贵的八大菩萨曼荼罗仅拍了三幅，其中两幅正好合成为八大菩萨（图27）。此外又有一幅上半身已毁，仅剩下着袈裟的下半身。与北侧的药师佛相对，按唐代绘画的习惯，有可能是地藏菩萨像（图28）。当然罗寄梅一定不会预先料到这一铺壁画在后来竟有一半被毁。但仅有的几幅照片，已经体现出重要的学术研究价值了。

莫高窟第156窟在南北壁靠门的地方曾经建起来了灶台，升火做饭。因此，窟内的壁画被烟熏得

㉓ 涉及榆林窟第25窟八大菩萨曼荼罗的研究，主要有日本田中公明的著作《敦煌密教美术》（法藏馆，2000年10月）、郭祐孟《敦煌石窟卢舍那佛并八大菩萨曼荼罗初探》（《敦煌学辑刊》2007年第1期）、刘永增《敦煌石窟八大菩萨曼荼罗图像解说（上）》（《敦煌研究》2009年第4期）、沙武田《榆林窟第25窟八大菩萨曼荼罗图像补遗》（《敦煌研究》2009年第5期）等。其中不少学者已注意到罗氏照片在这个问题上的意义。

图25　榆林窟第25窟佛像及后壁现状

图26　罗寄梅拍摄的榆林窟第25窟佛像及后壁

图27　榆林窟第25窟后壁　八大菩萨曼荼罗南侧部
　　　分（现在已毁）

图28　榆林窟第25窟东壁南侧　地藏菩萨像
　　　（现在已毁）

厉害。现在这些灶台已经拆除了。但在罗氏照片中还可以看到过去有灶台的样子。这无疑对我们研究莫高窟历史有重要意义。此外有不少洞窟的彩塑或者壁画，如果比对罗氏照片，可能还有很多差异，相信在将来罗氏照片全部出版后，这方面会有更多的研究和发现。

四、小　结

综上所述，不论是对敦煌石窟的外观历史形象的保存，还是对很多洞窟内容的比较研究，罗氏照片都体现出重要的历史价值。如果考虑到20世纪40年代以后的各种变化，在今后对敦煌石窟的研究中，很多方面仍然有必要参考罗氏照片。1940年代以后，敦煌石窟的变化可能有如下原因：

1. 1945年5月，敦煌艺术研究所由教育部直属单位改隶中央研究院，常书鸿所长到重庆办理相关手续，并招聘工作人员。这期间，随着抗日战争的胜利，内地的很多大学恢复，研究所的大部分研究人员离开敦煌，而常书鸿直到 1945 年 12 月才返回。在这期间，莫高窟的管理状况可能不太好。洞窟内部可能会受到某些人为的破坏。

2. 由于人力物力的原因，保护条件较差，对于岩壁的塌毁或壁画的脱落以及各种病害无能为力，出现了自然损坏。

3. 1960 年代进行大规模的加固工程，除了洞窟外貌有较大的改变，对部分洞窟的内部也有所改变。

因此，对照罗氏照片，我们可以了解莫高窟那个时代的状况，具有历史价值。

敦煌彩塑特别是大量的隋唐彩塑，反映了中国古代雕塑艺术水平。而在以前很少受世人重视。罗寄梅先生通过不同角度，不同光线的摄影，完美地表现出敦煌雕塑艺术之美。有的照片比起现代的彩色照片也毫不逊色。如隋代第 424 窟的彩塑菩萨像、唐代第 205 窟佛坛南侧的彩塑菩萨像，在自然光的条件下，体现出彩塑的质感，尤其是彩塑面部的神情。第 264 窟龛内壁画弟子像，通常很少被注意到，壁画生动地表现出佛弟子们不同的性格特征和精神面貌，反映着唐代画家以线描表现人物的较高境界。壁画是敦煌艺术中数量最大，最富有历史价值和艺术价值的。在当时摄影条件较差的情况下，罗寄梅先生采取了很多独特的办法，使洞窟壁画清晰地展现出来。由于敦煌石窟中壁画、彩塑的数量十分庞大，经历一千多年的创造，各时代的精品多不胜数。近年来出版过不少大规模的画册，但与现存的壁画彩塑相比，已出版的数量也只是很少一部分，而已出版的画册无形中会给读者和观众一种导向，使人误以为敦煌艺术的代表作只是那些已出版的内容，罗氏敦煌照片因长期未能出版，其独特的视角，往往与今天的出版物完全不同，对我们认识敦煌艺术之美仍然具有参考意义。

说明：为全面整理出版罗寄梅拍摄的敦煌石窟照片，普林斯顿大学唐氏研究中心于 2010 年聘请笔者为该中心研究员，对罗氏敦煌石窟照片进行调查整理。笔者此文作为该出版项目之一，也已定于将来出版罗氏敦煌照片的书中刊出。为纪念敦煌研究院建院七十周年，征得普林斯顿大学唐氏研究中心同意，此文先在《敦煌研究》中刊出。在普林斯顿大学从事研究工作期间，得到了方闻教授、Dora C. Y. Ching 教授的多方支持与帮助，在此表示衷心感谢！本文发表之际，罗寄梅夫人刘先女士慷慨提供本文所需的照片，在此谨向罗夫人深表谢意！

九 敦煌版画及相关问题

1900 年在中国西北的敦煌发现了数万件古代文献和艺术品，这是一件震惊中外的文化大发现，并由此而产生了"敦煌学"这门独特的学问。在敦煌藏经洞发现的文物中，就包括了不少古代的版画作品。尤其是唐代刻本《金刚经》卷首的插图，以前一直被研究者认为是中国最早的版画实物。[①] 而与之相关的还有不少佛画和部分非佛教画迹，因为都是通过刻板印制的，又都出自敦煌，所以都被称为敦煌版画。

据有关统计，散见于各地的敦煌版画有 200 多件。从这些版画的情况看，大体有几种形式，一是作为佛经的扉页和插图，一是作为单独佛画，用于供养或观瞻。还有一种是捺印佛像，是作为一种供养佛的方式。

一、佛经卷首版画

敦煌版画中时代最早者，就是著名的唐代咸通年间刊刻的《金刚经》（S.P.2）的卷首（图 1），这

[①] 现存最早的版画实物，据最近的研究认为是出土于成都唐墓的《梵文陀罗尼经咒图》，推断其年代在唐至德二年至大中四年间（757~850 年）。参见王伯敏主编的《中国美术全集·20 绘画编·版画》（上海人民美术出版社，1988 年）。又据宿白先生研究，在"文革"以来发现的唐墓中还有四件唐代印制的《陀罗尼咒经》，包括 1967 年于西安张家坡收集到的梵文《陀罗尼咒经》，"文革"期间在安徽阜阳唐墓发现的半幅梵文《陀罗尼咒经》；1974 年和 1975 年分别在西安征集到的梵文《陀罗尼咒经》。按宿白的排年，前述四件中，有三件在成都唐墓出土的《梵文陀罗尼经咒图》之前。虽然如此，现存唐代版画作品仍很稀少，况且，有明确时代的也仅有《祇树给孤独园》一件而已，它们都是中国早期版画的代表。参见宿白《唐宋时期的雕版印刷》（文物出版社，1999 年）。

图1　唐代《金刚经》引首插图版画　《祇树给孤独园》

件印本《金刚经》的卷末有题记："咸通九年四月十五日王玠为二亲敬造普施"。题记表明了此佛经刊刻的时间为咸通九年（868年）。这件印本佛经的卷首为佛说法形式的版画，佛在中央结跏趺坐，右手伸出作说法印，佛座两侧各有一狮子。佛身后有弟子九人，及菩萨天王等众，画面左下角有一佛弟子合十跪在佛前，身后有榜题："长老须菩提。"表现的是须菩提向佛请教问题。这正是《金刚经》中佛为众人说法的缘起。右下部则画出世俗的国王听法。佛头上部有华盖，华盖两侧各有一飞天散花。画面左上侧有一则题记："祇树给孤独园。"说明此图的主题。这件版画的表现手法是来自唐代的经变画形式，唐代经变的一般格局，就是以佛说法场面为中心，在某些局部内容上画出标志着某部佛经特色的情节。但在敦煌壁画中，由于画面较大，可以表现更丰富的内容和情节，往往是中央说法场面大体一致，而在周围描绘更细致的故事情节，而到了盛唐以后，又往往在说法场面的两侧以条屏形式，或在下部以屏风画形式表现佛经的具体故事。但这件版画由于画幅不大，仅作为一部佛经的扉页，其构图就要求更加紧凑，人物更简炼，画面上除了佛与十大弟子，二菩萨二天王二飞天及四个听法的俗人外，没有更多的人物。更令人瞩目的是通常经变画中表现佛说法，都是表现佛的正面形象，而在这幅版画里，佛及弟子菩萨众人均为半侧面的形象，与画面左侧的须菩提相对，形成一种强烈的方向性，就是由右向左的一个趋向。这一点改变，无疑是具有开创性的，是对寺院和石窟中大型经变画的一个改革，这种改革是针对手卷或册页的视角效果而进行的。显然，那种气势宏大的正面形象表现的说法场面，画在寺院的墙壁上，适合于信众的观瞻礼拜。但当我们面对一幅小不盈尺的画面时，观者的心情与寺院中那种观瞻的气氛完全不同，这里只有一种观赏心态。而且，作为一部佛经的卷首，观者的目的还在于由此进入佛经的正文。于是版画的方向性就有了重要的意义，观者由右向左，便进入了佛经正文。这也是中国古代手卷绘画的一个传统方法。所以，这幅《祇树给孤独园》版画，反映了当时的版画艺术家对复杂经变画形式的一个改造。在这个改造中，艺术家充分考虑到了版画作为单色印制的特点，在画面中舍弃了壁画经变中常见的建筑或者山水背景。而以地砖的图案为背景铺满全图，这样的地砖表现，在莫高窟第71窟经变画中也可看到，但在盛唐以后的壁画中已经不再出现。这是因为壁画有更适合的更丰富的表现手法，而晚唐版画采用这样的地砖背景，正是考虑到版画单色的效果，背景不宜过于复杂，但又要保持较满较均衡的装饰效果。而且，斜向排列的地砖与全画面由右向左的倾向性十分协调。总之，晚唐版画《祇树给孤独园》作为一部佛经的引首，虽然在一定程度上继承唐代经变画构成的特点，但它仅仅是作为引首，版画制作者进行了适合于佛典插图形式，也适合于版画表现的改造。因此，

②《敦煌画稿研究》一书
中认为"此图完全可以
命名为'金刚经变'"
（《敦煌画稿研究》第
448-449 页，中央编
译出版社，2007 年 5
月），显然是没有考虑
到《祇树给孤独园》与
壁画中经变画的差异和
作为佛典插图的特性。
③《中国美术全集·20 绘
画编·版画》图版九，
上海人民美术出版社，
1988 年。
④《中国美术全集·20
绘画编·版画》图版
十六，上海人民美术出
版社，1988 年。
⑤《中国美术全集·20
绘画编·版画》图版
十八，上海人民美术出
版社，1988 年。

还不能把它称为"金刚经变"。②因为它仅仅是呈现了佛经开始的一个场面，目的还是引导读者进入后面的正文。

类似的佛经引首或插图，我们在法藏 P.4096《说法图》中也可以看见（图 2），从画面的大小及形式来看，显然这也是一件经折装的残页，应是佛经的卷首。现仅剩右侧的画面，原作应该是两页合成的。残存这半页可看出佛说法的场景，佛也是面向左侧，呈半侧面。佛后面是弟子、菩萨，布局均衡。这件说法图是白描画出，虽非版画，但在构图的形式上与《祇树给孤独园》有共通之处。作为佛经卷首装饰的这一形式影响到了后来很长时期内的佛经印刷本。如宋庆元年间《大字妙法莲华经》卷首③、金皇统至大定年间的《金藏》卷首④（图 3），宋（或元）本碛砂藏大藏经卷首图⑤，乃至明清时期的多种佛经卷首或插图。

《祇树给孤独园》是在敦煌制作的版画还是在

图2　佛经插图（P.4096）

图3　金代《金藏》卷首版画

内地如长安一带制作的，在现存的资料中还找不到确切的依据。但从唐代的雕版印刷业的发展来看，当时主要有长安和四川两个制作的中心。⑥唐代以来，以拓本的形式保存碑刻资料，如柳公权书《金刚经》（824年）就流传到了敦煌，柳公权书《金刚经》有"强演邵建和刻"的题词。邵建和也参与了柳公权另一名帖《玄秘塔碑》的镌刻。说明敦煌本柳书《金刚经》无疑是从长安一带传入敦煌的，那么，包括《祇树给孤独园》的《金刚经》刻本从中原长安一带传来的可能性极大。况且，除此件以外，敦煌版画中再没有唐代作品，而较多地集中于五代至北宋曹氏归义军时期。

如前所述，宋代以后的雕版佛经往往卷首有图、文中有插图。敦煌研究院藏有西夏文《观音经》，其卷首就是一幅水月观音图（图4），观音菩萨坐在一个圆光中，这是象征月亮的圆形，周围是滚滚波涛，画面上部有一飞天在云中向着观音飞行。画面左下部有一人双手持贡品作供养，下部表现近处的山石，画面构成十分完美，背景是波浪，为了突出观音菩萨，而将菩萨布置在圆形的月亮之中，反映了西夏时代版画的新成就。这件佛经是上图下文，按佛经内容，依次表现观音救苦救难及现身说法的场面。这样上图下文的插图本佛经，在唐代已经出现，但作为版画的表现，则与绘画有诸多不同，早期的版画多按绘画的形式来表现，尽可能地描摹绘

⑥ 参见宿白：《唐宋时期的雕版印刷》，文物出版社，1999年，第4页。

图4　西夏版画　水月观音图

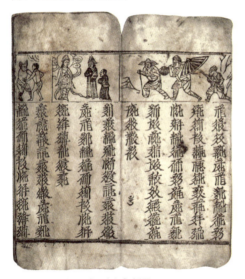

图5-1　西夏版画《观音经》插图

图5-2　西夏版画《观音经》插图

画的线条特征，而这件西夏文佛经插图中，我们看到版画制作者主要按木刻版画的特色来表现，更注重刀法，利用木板刻出的刀味来代替描摹绘画的线法。如刻经第10页表现众商人脱离怨贼之难后向前赶路的样子（图5-1、5-2），前面一人拄杖，中间一人担着行囊，后面一人打着伞，三人匆匆而行的神态表现得十分生动。雨伞及人物的服装，都以简炼的刀法表现出来。又如表现观音现身说法的场面中，往往以黑白相间：如左侧人物以阴刻法，衣服多黑，则右侧人物以阳刻。或者左侧人物以阳刻，右侧人物以阴刻。人物特征分明，同时也显出木刻版画在表现小画面时的高超技巧。当然，西夏文《观音经》版画其技法也是源于两宋发达的版画技法。⑦比较北宋时期的《大佛顶陀罗尼经卷首图》，即可看出二者的关联。观音的坐姿以及背景的波涛都比较相似，而后者在背景上部表现的是天空的云气，并画出凤鸟，更拓展了画面的空间。

在莫高窟北区石窟考古清理中[8]，也发现了一些印本佛经，包括中文和西夏文佛经，其中在B53窟出土的《华严经》残页，就包含一件版画引首，可惜画面不全，残存部分还可看出中央一戴宝冠的佛像端坐于莲座上，其上有榜题"教主大毗卢遮那佛"，旁边有菩萨合十，据榜题可知为普贤菩萨，下面有善财童子和请法菩萨等众（图6）。据竺沙雅章研究[9]，此《华严经》印本属于金代的《金藏》版本，可知其时代为金代。

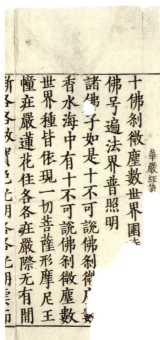

图6　莫高窟北区出土金代版画《华严经》卷首

⑦　参见刘玉权：《本所藏图解本西夏文观音经版画初探》，《敦煌研究》1985年，第3期。

⑧　彭金章、王建军：《敦煌莫高窟北区石窟》（1-3卷），文物出版社，2000年、2004年。

⑨　竺沙雅章著，徐冲译：《莫高窟北区石窟出土的版刻汉文大藏经本》，《转型期的敦煌学》，上海古籍出版社，2007年。

二、单页的佛画

这类版画是比较多的一类，印成小型的佛像（包括菩萨、天王等），以供随身携带与供养。通常上半部分为菩萨或天王，下半部分有文字，刻出发愿文及时代与刻工姓名。如五代时期的《大圣毗沙门天王像》（S.P.245）中（图7），上部天王著盔甲站立，一手托塔一手持戟，两侧有侍从数人。左上部有榜题：大圣毗沙门天王。下部有文字14行：

北方大圣毗沙门天王／主领天下一切杂类鬼／神若能发意求愿／悉得称心虔敬之徒／尽获福佑弟子归义／军节度使特进检校／太傅谯郡曹元忠／请匠人雕此印板／惟愿国安人泰社／稷恒昌道路和平／普天安乐／于时大晋开运四／年丁未岁七月／十五日纪

与此版画同时制成的还有观音菩萨像、普贤菩萨像等。如《观音菩萨像》（S.P.241，图8）上部表现观音菩萨站在莲台上，一手持莲花，一

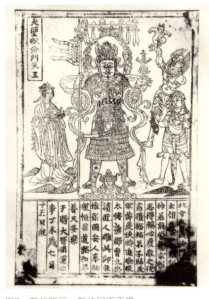

图7 五代版画 毗沙门天王像

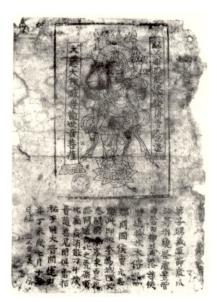

图8 五代版画 观音菩萨像

手持净瓶。两侧无侍从。左侧有榜题：大慈大悲救苦观世音菩萨。右侧有榜题：归义军节度使检校太傅曹元忠造。画面下部有文字 13 行：

弟子归义军节度使瓜 / 沙等州观察处置管 / 内营田押蕃落等使 / 特进检校太傅谯 / 郡开国侯曹元忠 / 雕此印板奉为城隍安 / 泰阖郡康宁东西之道 / 路开通南北之凶渠顺 / 化疠疾消散刀斗藏 / 音随喜见闻俱霑福 / 佑于时大晋开运四 / 年丁未岁七月十五 / 日纪　匠人雷延美

题记中明确记录了是在五代后晋开运四年（947年）刻版印制的，施主曹元忠是当时统治敦煌一带的归义军节度使。在曹元忠统治的时代，差不多可以说是全民信仰佛教，曹元忠不仅在莫高窟营建了一批大型洞窟，并对前代洞窟进行修缮，还开始雕刻佛经，雕版印制佛画，这是一个佛教艺术繁荣的时代。[10] 这里值得注意的是出现了雕刻匠人雷延美的名字。在前述佛像刻出不久，曹氏统治者还印刷了刻本《金刚经》（P.4515），在《金刚经》卷末题记中也有雷延美的落款：雕板押衙雷延美。押衙是当时政府部门的官吏，题记表明雷延美是当时敦煌地方政府中管理雕版印刷的人。[11]

还有一种《大圣普贤菩萨》版画，上半部分刻出普贤菩萨骑象行进在云端，左侧表现菩萨前有一人合十在礼拜，右侧有牵象的昆仑奴。画面右侧的榜题是："大圣普贤菩萨"，左侧也有榜题："普劝

⑩ 参见荣新江：《敦煌的曹元忠时代》，《敦煌研究》2006 年 6 期，第 92-96 页。

⑪ 参见宿白：《唐五代时期雕版印刷手工业的发展》，《唐宋时期的雕版印刷》第 5 页，文物出版社，1999 年。

至心供养"。下部刻出发愿文 11 行：

> 弟子归义军节度押衙 / 杨洞芊敬发诚志雕此真
> / 容三十二相俱全八十之仪 / 显赫伏愿三边无事四
> 塞 / 一家高烽常保于平安海内 / 咸称于无事 / 府主
> 太保延龄鹤 谐 / 不死之神丹 推阳关 / 育长生之鹰
> 凤缁徒 / 兴盛 佛日昭彰社稷 / 恒昌万人乐业是芊
> 心愿也

看来在曹元忠统治敦煌的时代，官府有了专门的雕版印刷机构，可以大量印制佛经和佛画。而负责刻版印刷工作的人，封以押衙之职。这一时期的版画如阿弥陀佛像、观音菩萨像、普贤菩萨像、文殊菩萨像及毗沙门天王等，大体形成一定的结构，上部为图，下部有文字。此时版画的构成较简明，突出主题，不加背景，如阿弥陀佛像和地藏菩萨像等，仅刻佛或菩萨坐于莲台上，没有胁侍和背景。文殊菩萨和普贤菩萨分别骑狮和象，有二侍从。如《大圣文殊师利菩萨》（S.P.237，图 9）中，文殊菩萨乘狮子行进在云朵之上，左侧有善财童子，右侧有于阗国王牵狮。除了表现圆形的火焰背光与头光外，还以放射状线条表现文殊发出的光芒。这样的表现与莫高窟第 220 窟甬道五代画的"新样文殊菩萨"一致，显然也可以称为新样文殊。[12] 这是五代时期流行的文殊菩萨新样式。曹元忠时代文殊信仰流行，在莫高窟营造了文殊堂（第 61 窟），还画出规模宏大的五台山图，版画《大圣文殊师利菩萨》

[12] 参见沙武田：《敦煌画稿研究》，中央编译出版社，2007 年 5 月，第 159-162 页。

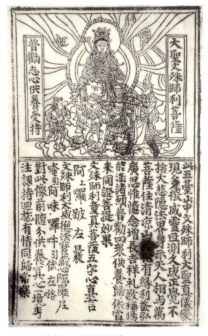

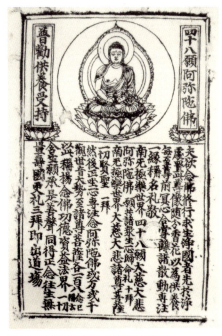

图9　五代版画　文殊菩萨像　　　　　　　　图10　五代版画　四十八愿阿弥陀佛像

也体现出那个时代的新特征。

　　敦煌从五代直到北宋时期，尤其是在曹元忠时代，印制了大量的单页佛像版画，是现存敦煌版画中保存最多的。除上述毗沙门天王及观音、普贤、文殊等像外，还有《四十八愿阿弥陀佛》（图10）、《大圣地藏菩萨像》等等，都是上图下文，构图和大小大体一致。其中有一些版画佛像还填了彩，是古代十分珍贵的彩绘版画。如《大慈大悲救苦观世音菩萨》（P.4514.9），画面为一纵长方形，上下部有装饰图案，观音为半侧面站在高高的莲台上，一手持杨柳枝，一手持净瓶。此图没有在下部刻文字，而仅在画面右侧刻一行字：大慈大悲救苦观世音菩萨。其下双分两行小字：清净心每早／奉念一千口。P.4514.9（13）则是把同版的观音印出二件并列（图11），在右侧还存有手书："上报四恩三友及法界众生。"表达了供养者的一种心愿。

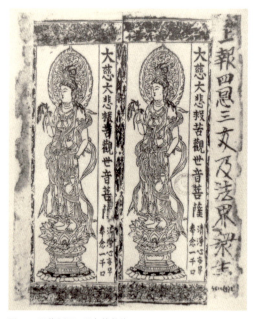

图11　五代版画 观音菩萨像

这种构成与曹元忠时代流行的版画佛像不同，更注重绘画的装饰特征。从人物形像的特征来看，可能时代会晚一点（曹氏政权晚期）。图中上下都有图案装饰，在上部和下部图案部分，可见用黄色染出的痕迹；在观音所持杨柳枝部分也有黄色（或绿色）染出的痕迹。

类似这样在黑白印制出来之后，又加彩绘的版画还有不少，如上海博物馆藏的一幅《圣观自在菩萨》（上博007）在观音菩萨的莲坐及身光头光等处都加了重彩，体现出另一种风格。版画加彩反映了当时一部分人仍习惯于彩绘的佛教画，有对彩色佛画的要求。但这种彩绘版画与后来的彩色套印版画有着本质的不同，因为它并不是通过版画的技法形式来变成彩色的，而是在印制完成后补绘的，并不像有的学者认为的是"彩色版画的源头"[13]，更与其后数百年的明清时代流行的桃花坞、杨柳青等套色版画没有影响关系。

单页佛画中还有一种称为"陀罗尼"，这是把梵文经咒与菩萨、法器等形象组合在一起的版画。画面的布局形式完全按密教的要求来安排，这样的

[13] 谢生保、谢静：《敦煌版画对雕版印刷业的影响》，《敦煌研究》2005年2期。

佛画用于信众奉持念诵供养。从当时佛教发展的情况看，这些陀罗尼经咒需求量很大，流传也较广，在内地就有不少地方发现，在敦煌也有很多这样的版画，往往是有梵文组成图案形式，其中又按一定的布局排列有佛、菩萨像和法器等，最具代表性的有大英博物馆藏《大随求陀罗尼》（S.P.249, Pt.2, 图

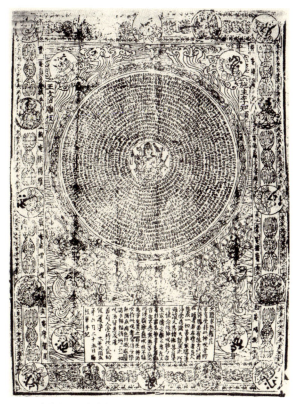

图12　宋代版画 大随求陀罗尼

12），这幅版画有北宋太平兴国五年（980 年）题记，高 43.4 厘米，宽 32.6 厘米，画面中央为圆形，外侧为方形，圆形中央为八臂观音菩萨，中间两臂作说法印，两侧六臂各持法器。环绕菩萨像的是梵文经咒，按圆形排列，圆形的最外层为卷草装饰，形成一个较大的圆轮，圆轮的下部有莲花形装饰。在这个圆轮以外是长方形，圆轮下面有二金刚力士分别站在两侧托着圆轮，中央则是长达 21 行的发愿文。圆轮下部背景表现水波，上部则表现云气，在长方形的四角各装饰一朵莲花。在圆轮的右侧上部刻有榜题："施主李知顺。"左侧相对的榜题刻有："王文沼雕板。"长方形外层的装饰带则在上下各有五个圆轮，左右各有三个圆轮，圆轮中分别以莲花和天人相间表现，而圆轮之间饰以法器。这件陀罗尼版画

结构复杂，雕刻精美，反映了当时版画的高度成就，而最珍贵的是还保留了雕版者的名字，成为中国版画史上的重要资料。类似的陀罗尼版画还有法国吉美博物馆藏的《大随求陀罗尼轮曼荼罗》（MG.17688），画面中央为佛像，周围的装饰也大同小异。此外还有如《无量寿陀罗尼轮》（S.P.247）、《圣观自在菩萨千转灭罪罗尼轮》（S.P.248）等陀罗尼版画。这是佛教密宗流行以后，用于修持、供养的佛画。

三、捺印佛像等小型版画

在敦煌版画流行的时代，还有一种捺印佛像十分流行，大约是以印章的形式刻出佛像或菩萨像，印在纸上四方连续，一纸之上可以印数十乃至上百。这种形式最初可能源于千佛的信仰。在纸上连续印出小像，主要是作为对佛的一种供养。

比起前述单页的佛像来，捺印佛像一般较小，表现一身结跏趺坐于莲花上的佛像，除了佛的背光头光外，旁边点缀两杂小花。这样一纸之中印出若干整齐排列的佛像，具有千佛的效果（图13）。大多数印模高约5～6厘米，也有高约9.5厘米的。除了单独的佛坐像外，也有以一佛二菩萨组成的三尊像形式（图14）。

菩萨像，也是捺印小像中较多的，菩萨的坐姿多为半跏坐，身体略显呈S形弯曲，一手持莲花（图15）。由于画面相对较小，版画除了以简练的线条表现菩萨的形象，

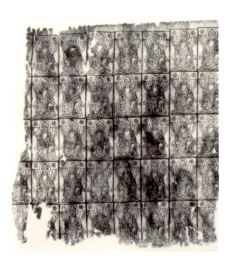

图13　捺印佛像

还在一定程度上表现出菩萨的精神气度外，背景往往为简单的花朵。

令人注目的还有一种净土变版画（P.3024，图16），高约12.8厘米，宽10.5厘米。中央是阿弥陀佛坐在莲台上，两侧对称地表现以观世音、大势至菩萨为首的众听法菩萨，佛前有净水池，池中长出莲花和化生。佛与菩萨的后面是殿堂楼阁，画面上部两侧分别表现文殊菩萨和普贤菩萨分别乘狮与象而来。上部中央表现天空中飞动的乐器，即所谓"不鼓自鸣"乐。画面内容丰富，构图细腻，可以说是唐代以来成熟的净土经变的缩小版。

捺印像除了排列印出外，还往往在一些经典当中印出，似乎表明一种供养的意味。从艺术的角度看，在方寸之间，表现佛或菩萨的体态神情，体现出版画作者精巧的构思。

四、关于敦煌版画的研究

敦煌学发展一百多年间，对敦煌文献内容的各方面研究都有了很大的发展，而对于敦煌版画的研究却很少。

图14　捺印三尊像

图15　捺印菩萨像

图16　捺印净土变

1937 年日本出版了松本荣一撰写的《敦煌画研究》[14]，其中就引用了几幅敦煌版画作品。但该书是研究图像学的，不论是手绘的还是刻版印制的绘画，对他来说仅仅是研究其画面所表现的佛教内涵，至于作为绘画艺术上的特征并未论及。而在此前后，中国已有学者注意到敦煌版画的问题，如郑振铎先生在 1936 年发表的《关于版画》一文中就提到了敦煌版画。郑振铎先生 1940 年编的《中国版画史图录》中，也选入了敦煌版画数种。在 20 世纪 50 年代，郑振铎著《中国古代木刻画史略》[15]，在其中《最早的木刻画》一节中对敦煌版画有更详尽的说明。可惜由于"反右"等历史原因，《中国古代木刻画史略》一书直到作者逝世多年后的 1985 年才得以面世。1975 年，日本学者菊池淳一发表了《敦煌的佛教版画——以大英博物馆藏品为中心》[16]，这可说是专门针对敦煌版画的第一篇论文。可惜此后，作者没有再发表有关敦煌版画的论文，而日本的学界也未见有关敦煌版画的研究。1981 年，考古学家宿白先生发表论文《唐五代时期雕版印刷手工业的发展》[17]，其中也较系统地介绍了唐五代时期敦煌版画的情况。此文于 1999 年收入宿白著作《唐宋时期的雕版印刷》[18] 时，又作了一些资料的补充。当然该文的主旨在于探讨印刷工业问题，对于作为美术的版画，并没有太多的阐述。1983 年，台湾《美哉中华》杂志发表未署名的《敦煌木刻版画》[19]，主要发表了一批敦煌版画的图片，但说明文字较少。1988 年，由王伯敏主

[14] 松本荣一：《敦煌画の研究》，东方文化学院东京研究所，1937 年。

[15] 郑振铎：《中国古代木刻画史略》（《中国古代木刻画选集》第九册），上海人民美术出版社，1985 年 2 月。又，本书单行本于 2010 年 7 月由上海书店出版。

[16] 菊池淳一：《敦煌の仏教版画——大英博物館とパリ国立図書館の収蔵品を中心として》，《佛教艺术》第 101 期，1975 年 4 月。

[17] 宿白：《唐五代时期雕版印刷手工业的发展》，《文物》1981 年 5 期。

[18] 宿白：《唐宋时期的雕版印刷》，文物出版社，1999 年。

[19] 《敦煌木刻版画》，《美哉中华》第 181 期，1983 年 11 月。

编的《中国美术全集·绘画编 20·版画》[20] 中，有王
伯敏《中国古代版画概观》一文，其中就谈到了敦煌
版画作品。《敦煌学大辞典》[21] 中，列入敦煌版画辞条
9 条。这说明敦煌版画已引起学术界的注意。

　　2002 年，由马德先生主持的"敦煌版画研究"
作为敦煌研究院级课题开启研究工作，并在 2005 年
集中发表了一组研究论文。集中探讨了敦煌版画的
历史背景、性质、用途等特点，是国内学者对敦煌
版画最集中的研究。特别是其中邰惠莉《敦煌版画
叙录》一文，对现存各地的敦煌版画进行了全面的
普查和记录，共记录敦煌版画为 235 件、109 种。大
大超出了前人的认识（菊池淳一论文中记录的版画
只有 138 件），对敦煌版画研究来说，打下了一个较
好的基础。不过该文统计的俄藏敦煌版画部分，有
一些实际上是俄国探险队从黑水城掠走的文物。荣
新江在《俄藏敦煌文献中的黑水城文献》[22] 一文中对
俄藏敦煌文献中的黑水城文献作了鉴别。对比荣氏
论文所举黑水城文献，则邰惠莉氏统计的版画中至
少有 18 件属黑水城出土的（当然，从版画史的角度
来看，这些黑水城出土的版画作品同样具有重要的
意义）。此外，在敦煌莫高窟北区考古发掘中也发现
了一些版画作品，包括 B53 窟出土的《华严经》引
首版画 [23]、B159 窟出土的捺印佛塔与佛像、第 464
窟出土的菩萨像、比丘像、第 194 窟出土的莲花图
案残片，以及 B157 窟出土的版画碎片 [24]。

[20]《中国美术全集·20 绘画编·版画》，上海人民美术出版社，1988年。

[21]《敦煌学大辞典》，上海辞书出版社，1998 年12 月。

[22] 荣新江：《俄藏敦煌文献中的黑水城文献》，《辨伪与存真》，上海古籍出版社，2010 年 3 月。

[23] 彭金章、王建军：《敦煌莫高窟北区石窟》（第1 卷）彩版一六，文物出版社，2000 年 7 月。

[24] 以上数项分别见于彭金章、王建军：《敦煌莫高窟北区石窟》（第3卷）图版一三 -5、图版二 -2、图版六八 -1、图版六八 -2、图版一四八 -1，文物出版社，2004 年 7 月。

敦煌版画表现的主要是佛教内容，因此，较多的研究者着眼点在于敦煌版画的主题内容以及历史文化背景等方面，当然这是必须探讨的问题，但敦煌版画作为一种美术作品，在晚唐至北宋时期，对中国版画史的研究具有怎样的意义，在中国美术史上具有怎样的作用——这些才是版画的核心问题。有感于此，试从美术的角度进行了探讨，以抛砖引玉。

附记：

2016 年 5 月，由敦煌研究院与美国盖蒂研究所共同举办的"敦煌展"在洛杉矶盖蒂中心举行。笔者有幸参观了这个展览，其中就有英国图书馆所藏的敦煌雕版印刷品《金刚经》。经仔细察看，《金刚经》引首的一幅画（本文图 1 所示）与后来的文字部分并不是连在一起的，而是分开的两纸，且两纸的纸张有些差异，尤其值得注意的是版画边框的上下高度与文字部分边框的高度不同，应该出自不同的雕版。版画中仅出现两处文字，是作为题记的文字，一是"祇树给孤独园"、一是"长老须菩提"。笔者发现这仅有的两处文字书法特点与后面金刚经文字的书法也不一致。特别是须菩提的"须"字，右侧不写作"页"而作"负"，这样的写法在后面的《金刚经》全文中都没有出现过。可以断定的是这幅引首插图版画与《金刚经》全文的雕版并非同一个版次的雕版所印。至于是否同一时间完成，尚无更多的证据。但从画面中体现的形象特点，如金刚像、飞天等形象看，似乎应晚于唐代。但要明确其时代，尚需进一步研究，在此不作定论。

2018 年 2 月补记

十　关于台北故宫藏两幅传为『隋代』的佛画

　　1983 年，苏莹辉先生在台北《故宫文物月刊》发表了《大风堂旧藏隋代佛画初探》①，详细介绍了原为大风堂旧藏，后捐给台北故宫博物院的两幅绢画。

　　其一，题为《成陁罗造释迦牟尼像》（图 1），绢本，纵 142.7 厘米，横 70.4 厘米。画面为释迦牟尼佛坐于莲台上，画面右侧有题款："大业五年己巳六月，清信士成陁罗为亡女阿夐敬造释迦牟尼佛一区，不堕六道，早生净土。"

　　其二，题为《南无观世音菩萨立像》（图 2），绢本，纵 198.1 厘米，横 65.6 厘米。画面右侧有题记："南无观世音菩萨。"画面左下角有题记："仁寿三年癸亥十一月清信弟子成陁罗为亡女阿夐敬造。"

　　苏莹辉先生在文章中对此二幅绢画的绘画技法及风格特点作了详细的分析，并与敦煌壁画的相关内容进行比较，认为是隋代绘画的真迹，意义重大。其后苏莹辉先生又发表《院藏隋画两轴析论——兼谈成陁罗在莫高窟凿窟造像的相关问题》②、《院藏隋代佛画重研——绢本观音立像暨释迦佛坐像》③

① 苏莹辉：《大风堂旧藏隋代佛画初探》，《故宫文物月刊》1983 年第 4 期。

② 苏莹辉：《院藏隋画两轴析论——兼谈成陁罗在莫高窟凿窟造像的相关问题》，《故宫学术季刊》，1984 年冬季号。

③ 苏莹辉：《院藏隋代佛画重研——绢本观音立像暨释迦佛坐像》，《故宫文物月刊》1985 年第 3 期。

图1 成陁罗造释迦牟尼像

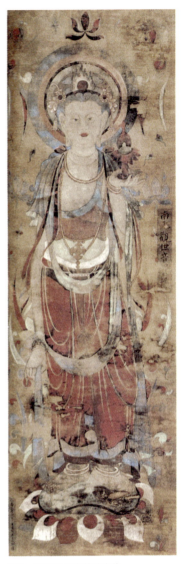

图2 南无观世音菩萨立像

④ 苏莹辉：《敦煌成陁罗
功德窟女供养者像简
介》，《故宫文物月刊》
1987年第4期。

等文章，利用新出版的敦煌石窟方面资料，相继对

这两幅绢画进行考证，而且联系隋代第62窟的成

陁罗一家供养人题记，对比此画，表明其真实性。

还对莫高窟的成陁罗功德窟（第62窟）进行了多

方分析研究。④

　　苏莹辉先生是著名敦煌学专家，而且在上个世纪 40 年代他就亲临莫高窟进行过研究工作，所以，苏先生的论文具有一定的权威性。但在 1991 年美术史研究者傅申先生就对此二画提出了疑问，傅先生从四个方面指出所谓隋代绢画其实就是张大千所造。一是绘画所用的绢，二是所用颜料，均非隋代而为近代之物，三是从线条用笔上可看出张大千的笔法，四是题款的书法绝非隋代而是张大千风格。⑤傅申先生是书画鉴定大家，他的眼光是很准确的。但由于傅先生的论文未作过多的论证，尤其是缺少敦煌壁画方面的资料比较，他的结论仍有不少人将信将疑。如台北历史博物馆的巴东先生关于张大千研究的文章中，虽然觉得二幅绢画可能是盛唐以后摹本，但对作品为出自敦煌藏经洞的古画似乎也已认可。⑥

　　尽管只看到图片，笔者也感到此二幅绢画有很多令人怀疑的地方，除了傅申先生所举的几点外，还可补充两点：一、南无观世音菩萨的题榜位置，按佛画的习惯，题榜的位置都会在较高的地方，大致与头部齐平或者稍高的位置。而观音的题榜却在菩萨腰部的位置，在敦煌绢画中还找不到这样的例证。在敦煌壁画中也有单独的菩萨像，但题榜通常也要放在与头部齐平的位置。只有在某些经变或者说法图中，如果画面太拥挤，题榜位置可能会低一点，但也不会低到腰部的位置。二、装饰花纹。从

⑤ 傅申：《隋代佛画非大千而谁》，《中国时报》1991 年 2 月 24 日。
⑥ 巴东：《有关大风堂捐赠故宫藏画的若干问题》，《张大千研究》，台北：历史博物馆，1996 年，第 241-244 页。

敦煌壁画及现存的绢画来看，除了描绘故事情节的画面中，有表现景物被人物遮挡的情况，在单独的佛像、菩萨像画面中，表现装饰性的花卉通常是为了填补画面的空白，因此，一般不会画出被遮挡的样子。而绢画观音菩萨像身体两侧下部有不少忍冬纹却被身体遮挡了一部分。这种情况在现存的敦煌绢画中看不到，壁画中也很少见。

　　最近，我们在对莫高窟调查时，特意对第301窟南壁的佛像（图3）

图3　莫高窟第301窟南壁　说法图

进行测量，测得佛像从莲座部分到华盖的最高点处为135厘米，佛像背光最宽处为61厘米，佛头部高度为15.5厘米。对比《故宫学术月刊》上公布的《成陁罗造释迦牟尼像》尺寸，发现二者的大小完全一致。同时，我们在调查隋代石窟时，又发现隋代第244窟北壁在主尊彩塑与胁侍菩萨彩塑之间的壁画上，有一身胁侍菩萨（图4），形象与台北故宫藏的绢本《南无观世音菩萨立像》非常一致，只是壁画由于变色严重，头部和身体各部位大都呈黑色，但各部分的线条仍然可以辨认。不论是头冠、身体形状和飘带等都可以说是与绢画完全一致。我们测量了这身菩萨像，从莲座到菩萨头光的顶端，高度为186厘米，水平方向测得菩萨头冠直径为41厘米。再对照绢本《南无观世音菩萨立像》的尺寸，

图4　莫高窟第244窟北壁　菩萨像

除去绢画上下部的空余部分，绢画中的菩萨立像与壁画中的菩萨立像大小完全一样。所不同的只是在绢画中，佛像和菩萨像的两侧有忍冬纹的图案，而在壁画中则是第301窟佛像两侧有胁侍菩萨，而第244窟胁侍菩萨像位于高大的彩塑佛像与东侧一身彩塑菩萨像之间的墙壁上，菩萨的两侧已没有位置画别的装饰物。通过仔细对比，从佛、菩萨像的身体、衣饰、手足的形态、手持物、头冠、华盖、飘带以及莲座等形象都是完

图5　莫高窟第244窟北壁　菩萨上半身　　　　图6　绢画观音菩萨头部

全相同的（图5、图6）。所不同的只是绢画增加了文字题记，并分别在佛像、菩萨像的两侧多了装饰性的忍冬、莲花等形象。而绢画《成陁罗造释迦牟尼像》华盖两侧的忍冬纹图形显然是由壁画中原画在菩提树两侧的图形移植而来。在绢画《南无观世音菩萨像》中，也有一些细部的差异，如菩萨头冠上装饰的花朵以及手中托着的莲蕾（或香炉），因壁画的变色与褪色，已经比较模糊，但在绢画中就画得清晰、明确。但这些细部的差异并不影响绢画人物基本造形与壁画的一致。

这两幅绢画分别与莫高窟壁画中佛、菩萨形象完全对应，应该有两种可能：一种是绘制壁画的画家按绢画的图样完全拷贝到壁画上（也许会通过一个"粉本"作中介），然后进行壁画绘制，苏莹辉先生就是按这样的思路来考虑的。另一种相反：是画家按壁画的图像完整地描摹下来，绘制成绢画。

从绘画的技术因素来分析，古人把一个画稿转化成壁画，通常是用粉本来进行的，所谓粉本，就是在画稿上沿线条刺出孔，用这样有孔的画稿靠在墙壁上，沿刺孔扑粉，把画稿取开后，墙上就留下了很多小点，然后再用毛笔将这些小点连成线，就复制出画稿的形象了。但是从具体操作来看，如果真的用粉本的办法，是不可能保证复制出来的画稿与原来的粉本完全一致。因为在墙上留下由刺孔形成的点，还是需要画家把这些点连成线，在连接的过程中，就可能会产生变化。因此，虽然从藏经洞也发现了一些古代的粉本，但即使是那些被推测是壁画底稿的画面，从画面大小以及具体的形象上，与壁画的差异也是很大的。学者们也曾用藏经洞出土的绢画对照过壁画进行研究，但迄今为止，还没有发现一例与敦煌壁画完全一致的画面。即使是那些被认为是粉本的纸本白描图，也仅仅是与壁画中某些形象的相似，却找不到一例与壁画能完全对应的粉本。一辈子在敦煌从事壁画临摹与研究工作的史苇湘先生就曾指出：艺术上的粉本只是一些大经变的草图，"在莫高窟中我们既未发现两幅尺寸相同、内容绝对一致的同名壁画，各代画师就不可能去拷贝别人的画稿。"[7] 因此，这两幅绢画是壁画的粉本，或者绢画与壁画都来自同一粉本的可能性不大。

如果从第二种情况来分析，从壁画上复制到绢上，相对来说比从粉本复制到墙壁上容易得多。问题在于隋代的成陁罗请画师画佛像、菩萨像供养时，

⑦ 史苇湘：《临摹是研究敦煌壁画的重要方法》，《敦煌历史与莫高窟艺术研究》，甘肃教育出版社，2002年，第676页。

⑧ 关于壁画临摹起稿的问题，在敦煌临摹的老一辈画家都知道最初时有人把透明纸蒙在壁画上起稿。段文杰先生在《临摹是一门学问》(《敦煌研究》1993 年 4 期)中谈到张大千临摹壁画有三大特点，其中之一就是"画稿以透明纸从原壁上印描"。另据常书鸿发表于 1948 年的文章《从敦煌近事说到千佛洞危机》(载上海《大公报》1948 年 9 月 10 日) 讲到 :"近来已绝对禁止两项过去已成了习惯的不合理的方法，其一是用玻璃纸直接在壁画上印模画稿。"说明在此前，画家们临摹敦煌壁画都"习惯"于用透明纸直接在壁画上印模画稿，直到敦煌艺术研究所成立后，出于保护壁画的目的，才明确禁止这样的方法。这一点本来是很清楚的，但前些年有的人为了要证明张大千没有破坏壁画，在某些文章或有关张大千的传记中，坚决否认此事，说张大千起稿是由助手在旁提着透明的纸，离墙壁寸许，张大千在这悬空提着的纸上画画。这样的说法确实富有想象力，但是画画的人都知道，如果纸是由别人悬空提着，就很难保证

当时的画家有没有可能从壁画上分别复制佛像和菩萨像？众所周知，从南北朝到隋唐，普通百姓为了信仰的需要，请画师绘制佛像作为供养应该是日常生活中最为普通的事。而适应这样的社会需要，能绘制佛像、菩萨像的专业画师恐怕在各地都不会很少。那么，作为一个专业画师，不用自己的画稿，或者自己没有画稿，而必须到莫高窟石窟中从别人画好的壁画上去复制一份画稿，这显然不合常理。

那么唯一的可能，就是后人为了别的原因把壁画复制到绢上了。能做这项工作的，应是对敦煌壁画非常熟悉，绘画水平较高的画家。既然此二幅绢画出自大风堂，能作画的非张大千莫属。其一是因为张大千在 1941—1943 年间在敦煌莫高窟、榆林窟临摹了大量的壁画，他对敦煌壁画的情况比较熟悉。其二是因为这两幅绢画的绘制水平较高，在当时的画家中恐怕很少有人能绘出这样的作品。

对壁画的临摹，张大千主要是把宣纸用油浸过，趁着油未干时纸呈透明状，把纸蒙在墙上，对着壁画勾描线条，再对这样的线描稿进行整理修改，定稿后对着壁画上色。⑧这样取下的线描稿与壁画是完全一样的。著色时，由于敦煌壁画大多变色严重，张大千采取复原色彩的办法，他按照自己的设想，试图把壁画最初的色彩效果表现出来。⑨张大千在敦煌停留了一年多的时间，他对敦煌壁画是做过研究的，他对每一个洞窟的内容做了详细记录，对时

代也作出判定，写成了《漠高窟记》，可惜这部著作直到他去世之后才出版。另外，他的研究也体现在他对敦煌壁画的临摹品中。各时期不同的人物形象色彩的复原，正反映了他对各时期色彩的考察研究。这两幅隋代壁画的临摹品可以说是张大千精心制作的仿古绢画。第301窟的释迦牟尼佛像，因为原壁完全是清晰的，绢本临摹时仅仅将原壁上佛像袈裟的白色格子改为绿色，把部分变黑的颜色复原出来。因为原壁为说法图，在佛像两侧还画有二菩萨。绢画中仅取中央的佛像，把华盖下部的菩提树省略了，在华盖下部与背光中就形成了空白，于是，就地取材，把本来在菩提树两侧的忍冬纹取来填补在这一相应位置。

第244窟的菩萨像变色较严重，身体部分基本上变黑。但是在今天也依然可以清楚地看到头部的眼、耳、鼻、口的线条以及头冠等装饰物的形态。所以，临摹者根据壁画绘出清晰的形象是可能的。而菩萨的上衣（僧祇支）与飘带尚未变色，仅长裙变黑。绢画把长裙恢复为土红色，其他的基本保持了壁画的色彩。隋代壁画正在脱离北朝时期那种西域式晕染而逐渐改为中原式晕染法的阶段。张大千显然是掌握了这一时期壁画的特点，从观音菩萨的面部及手的色彩晕染上，就可以看到这一特点。

关于"成陁罗为亡女阿夒敬造"的题记文字，以及"大业五年"和"仁寿三年"的年号，张大千

其稳定；如果纸不能固定，如何能保证所描摹的图像与线条的准确？这样的说法只可以当作笑话了。张大千作为一个伟大的画家，他对敦煌艺术的研究与传播都有过较大的贡献，但限于时代条件，他没有认识到保护壁画的重要性，这一点我们当然不能苛求前人，但也不应"为尊者讳"而歪曲事实，假造一些不真实的故事。

⑨ 段文杰：《临摹是一门学问》，《敦煌研究》1993年4期。

先生在敦煌临摹壁画时间有一年多，他又为莫高窟重新编号，并对全部洞窟的内容作过记录，他当然清楚在莫高窟第 62 窟（张编第 75 窟耳洞）有成陀罗一家的供养像。特别值得注意的是东壁自北而起，女供养人的题记分别为：女阿高玉供养；女阿足供养；亡女阿内供养；亡女须亥供养。[⑩] 其中最后一身供养人的题名，不论是谢稚柳著《敦煌艺术叙录》还是张大千的《漠高窟记》，都与敦煌研究院编《敦煌莫高窟供养人题记》的记录一致。而奇怪的是苏莹辉先生的文章中引用张大千《漠高窟记》却作"亡女须 供养"，对此，笔者专门核对了台北故宫博物院 1985 年出版的《张大千先生遗著漠高窟记》，该书第 164 页第 13 行为："亡女、须亥供养。旁有牛车一乘。"而且，现在此窟壁画仍很清楚，即使是从出版物的图片上都可以清楚地看到"亥"字。而苏莹辉先生因为有了绢画《观世音菩萨像》题记的先入之见，除了认为题记中为"亡女嫛"外，还推测"嫛"字后面有一个"所"字。[⑪] 以此来解释"须"字后面有"亥"字的问题。

显然，张大千对这个"亡女须亥"很感兴趣。设想以成陀罗的身份为超度亡女而请画师分别画释迦牟尼佛和观音菩萨像，而且，在年代上又加以区别。又据须亥前的几身女供养人有"阿足"、"阿内"等名称，把须亥称为"阿须"也似乎顺理成章。但如果仅仅用"阿须"，则无法与"须亥"这个名字

⑩ 敦煌研究院编：《敦煌莫高窟供养人题记》，文物出版社，1986 年，第 26-27 页。

⑪ 苏莹辉：《敦煌成陀罗功德窟女供养者像简介》，《故宫文物月刊》1987 年第 4 期。

联系上来。所以改用了"阿㜷"这个似乎与洞窟有关系，却又很难完全对应，留有一点迷雾，就会使人很难看出作伪的痕迹。

对于年代，张大千对敦煌壁画的时代风格有一定的研究，对隋代壁画的时代风格还是看得较清楚的。第301窟到第305窟这几个相互紧邻的洞窟规模和风格都非常一致，而第302窟则有隋开皇四年题记，第305窟有"开皇四年"、"开皇五年"以及"大业"的年号。因此，把第301窟看作是隋代洞窟应当没有问题。当然在《莫高窟北朝石窟分期》中，从考古的角度，考虑到第302窟完成于隋代初期，第301窟应当比它早一点，从这个意义上，按考古排年的办法，把第301窟推断为北周晚期，但它与第302窟的风格显然是一致的。而第244窟按《莫高窟隋代石窟的分期》定为隋代第三期，时代为大业九年以后直到初唐。张大千临摹第244窟的菩萨像，把时代拟作大业三年，从艺术风格上来讲，也差距不大。

总之，在二十年前傅申先生就已敏锐地看出两幅所谓"隋代佛画"就是张大千之作，但由于缺少敦煌壁画方面的证据，仍有一些学者不完全相信，经我们的实地调查，对照敦煌隋代壁画，现在可以断定这两幅绢画确凿无疑是今人所作而非隋画，它们分别临摹自莫高窟第301窟南壁和第244窟北壁。绢画临本表现出清晰的线描，在色彩方面作了复原。在一定程度上体现出隋代敦煌壁画的精神，可以看作是优秀的敦煌壁画临摹品。还应该指出的是，这两幅绢画恐怕是张大千仿古绘画中较为精心制作的，他自己比较珍视。当然，正如傅申先生曾指出的，张大千并不是有意要欺骗台北故宫，是在他去世后，由后人将此二幅绢画连同其他遗物捐给台北故宫的。而张氏后人不见得就知道此二幅画为张大千临摹自敦煌壁画。只是在台北故宫方面苏莹辉先生根据此二幅绢画上的隋代题榜，便信以为真，作为隋代真迹来看待。

（在本次调查中，武琼芳、张艳梅女士协助调查测量了第301窟、244窟壁画，宋利良、丁小胜先生协助拍摄照片，在此深表感谢！）

附

注

《敦煌艺术在当今社会中的价值》原载于《国学新视野》2017 年 9 月秋季号。

《敦煌美术研究与中国美术史》原载于《敦煌吐鲁番研究》第 15 卷，上海古籍出版社，2015 年。

《表像与真实》原载于《历史与现实——文化遗产保护及发展国际学术会议论文集》，山东画报出版社，2013 年 5 月。

《天国的装饰》原载于《装饰》2008 年 6 期。

《敦煌石窟与隋唐文化史》原载于《2013 敦煌、吐鲁番国际学术研讨会论文集》，台南：成功大学中国文学系，2014 年 12 月。

《敦煌唐代壁画艺术》原载于《典藏读天下》2013 年 8 期。

《帝王图与初唐人物画》原载于《丝绸之路：图像与历史》，东华大学出版社，2011 年 3 月。

《罗寄梅拍摄敦煌石窟照片的意义》原载于《敦煌研究》2014 年 3 期

《敦煌版画及相关问题》原载于《中国版画》2011 年（上），岭南美术出版社，2011 年 8 月。

《关于台北故宫藏两幅传为“隋代”的佛画》原载于《敦煌研究》2011 年第 5 期。

EX LIBRIS